教育部人文社会科学重点研究基地重庆工商大学长江上游经济研究中心

"三峡库区百万移民安稳致富国家战略"服务国家特殊需求博士人才培养项目

国家社科基金重点项目
"城乡融合发展视角下农村金融服务乡村振兴战略研究"（19AJY016）

重庆市社会科学规划青年项目
"乡村产业振兴背景下金融支持重庆扶贫攻坚的长效机制研究"

农户家庭资产
金融价值转化问题研究

田庆刚 ◎ 著

中国财经出版传媒集团

经济科学出版社

Economic Science Press

图书在版编目（CIP）数据

农户家庭资产金融价值转化问题研究/田庆刚著.—北京：
经济科学出版社，2020.6

ISBN 978 – 7 – 5218 – 1258 – 9

Ⅰ.①农…　Ⅱ.①田…　Ⅲ.①农户 – 家庭 – 资产管理 –
研究 – 中国　Ⅳ.①F832

中国版本图书馆 CIP 数据核字（2020）第 022015 号

责任编辑：周国强
责任校对：杨　海
责任印制：邱　天

农户家庭资产金融价值转化问题研究

田庆刚　著

经济科学出版社出版、发行　新华书店经销

社址：北京市海淀区阜成路甲 28 号　邮编：100142

总编部电话：010 – 88191217　发行部电话：010 – 88191522

网址：www. esp. com. cn

电子邮件：esp@ esp. com. cn

天猫网店：经济科学出版社旗舰店

网址：http://jjkxcbs. tmall. com

固安华明印业有限公司印装

710×1000　16 开　13. 75 印张　210000 字

2020 年 6 月第 1 版　2020 年 6 月第 1 次印刷

ISBN 978 – 7 – 5218 – 1258 – 9　定价：86. 00 元

（图书出现印装问题，本社负责调换。电话：010 – 88191510）

（版权所有　侵权必究　打击盗版　举报热线：010 – 88191661

QQ：2242791300　营销中心电话：010 – 88191537

电子邮箱：dbts@ esp. com. cn）

前　言

现代经济是信用经济，资产资本化是现代市场经济的典型特征。作为农村经济核心的农村金融如何把农村农户家庭资产价值有效转化为金融价值是解决"三农"问题，振兴农村经济的关键。本书是关于农户家庭资产的金融价值转化机理与实证研究。研究在信息不对称、资产资本化、金融发展等理论的基础上构建了农户家庭资产金融价值转化的概念框架，并对农户家庭资产的金融价值转化的相关理论进行了分析，在此基础上，运用定性分析和定量分析相结合的研究方法，深入研究了当前农户家庭资产的金融价值转化不充分的表现形式、生成原因和不良影响，以此为依据提出了促进农户家庭资产的金融价值转化的政策建议。

1. 研究的主要内容

（1）构建了农户家庭资产价值与金融价值转化的理论框架。厘清了农户家庭资产金融价值转化的概念、需要投入的要素、依赖的外在环境、农户家庭资产金融价值转化的机理，为后文的分析提供了理论基础。

（2）研究了农户家庭资产金融价值转化的现状及问题。在农户实地调查数据的基础上，采用描述性分析方法和计量分析方法分析了农户家庭资产价值状况、农户家庭资产金融价值转化现状以及农户家庭资产金融价值转化不充分的具体表现。

（3）研究了农户家庭资产金融价值转化不充分的原因。首先采用定性分析方法从政府、法律、市场、金融、农户五方面对农户家庭资产金融价值转化不充分的原因进行了分析，在此基础上，借用 Probit 模型从微观农户视角对影响农户家庭资产金融价值转化的因素进行了实证检验。

（4）研究了农户家庭资产金融价值转化不充分的影响。分别从理论分析、调查分析、计量分析三个层面就农户家庭资产金融价值转化不充分对农户创业、农户收入、农户消费造成的影响进行了论述。

（5）提出了加快农户家庭资产金融价值转化的长效机制和政策框架。

2. 研究的主要结论

（1）经过改革开放四十多年的发展，我国广大农村区域已经积聚了种类繁多、规模巨大的各类资产，农户家庭资产金融价值转化潜力巨大。家庭资产价值决定着农户家庭资产金融价值转化，主要表现在：农户家庭资产价值是金融价值转化的前提和基础，农户家庭资产价值大小决定着金融价值转化规模，农户家庭资产价值构成决定着金融价值转化结构，农户家庭资产价值质量决定着金融价值转化效率。调查发现，在 1046 户样本农户中，户均资产价值高达 35.36 万元，并以土地、宅基地、房屋、金融资产等资产为主。以此样本数推算，2013 年，我国农户家庭资产价值则高达 51.63 万亿元。规模巨大的资产价值不仅证明了农户家庭资产金融价值转化潜力巨大，同时也为资产金融价值转化奠定了良好的基础。

（2）农户家庭资产金融价值转化得到一定进展但总体转化不足。在中央政府和地方政府的联合推动下，农户家庭资产金融价值转化已取得一定进展。但当前仍然处于发展初期，尚存在许多不足，主要表现为：农户资产金融价值转化只集中在少数几个试点地区，尚未大范围展开；在众多有资金需求农户中资产金融价值实现转化的农户数量占比较低；实现金融价值转化的资产价值占比较低，资产金融价值潜力开发不足；实现金融价值转化的农户资产种类分布极不平衡，资产结构失衡严重四个方面。计量分析结果显示，大量高价值资产变量未能通过检验，也说明了农户家庭资产金融价值转化并不具有普遍性和规律性特征。

（3）农户家庭资产金融价值转化不充分是由政府、法律、市场、金融机构、农户等多方面的原因引起的。政府方面主要包括引导作用不足、文件及细则不完善、确权颁证登记工作进展缓慢、保障水平比较低；法律方面主要包括土地和宅基地的权能残缺、法律禁止土地和宅基地抵押的规定，农户投资形成资产法律确认不足；市场方面主要包括农户资产抵押配套服务不完善、农村地区金融生态环境比较差、农村资产金融价值转化氛围未形成；金融机构方面主要包括农村金融机构在农村的资金投放力度小、农村金融机构抵押贷款模式创新力度弱、农村金融机构的人才队伍建设比较落后。计量分析结果显示，农户自身资产价值大小、资产产权清晰度、户主年龄、非农创业收入、生产经营组织形式、劳动人口数量是影响农户家庭资产价值能否通过正规借贷渠道实现向金融价值转化的重要因素，流动资产价值、户主年龄、非农创业收入、务工收入、生产经营组织形式、社会资本是影响农户家庭资产价值能否通过非正规借贷渠道实现向金融价值转化的重要因素。

（4）家庭资产金融价值转化不充分对农户经济行为有显著的负面影响。农户创业层面，家庭资产金融价值转化不充分对农户创业行为发生、农户创业组织形式、农户创业规模具有抑制作用。农户收入层面，家庭资产金融价值转化不充分对农户总收入增长、农户收入结构优化有负向影响。农户消费层面，家庭资产金融价值转化不充分不利于农户家庭消费总量增长和消费结构优化。

3. 研究的重要观点

（1）农户家庭资产金融价值转化问题是发展中国家面临的普遍难题，但又存在着中国国情的特殊性。作为农村经济核心的农村金融如何把农户家庭资产价值有效转化为金融价值是解决"三农"问题，振兴农村经济的关键。农户家庭资产金融价值转化问题既是一个经济问题，又是一个社会问题。

（2）农户家庭资产金融价值转化的核心是在维护各经济主体合法权益的基础上，加快农户家庭资产的法律确认，明晰各类资产产权，提升农户资产的资本价值。健全资产抵押和流转制度，最大限度地解决农村土地、宅基地等大量资产闲置问题，盘活"沉睡"已久资产的抵押价值，通过资产所有权或使用权的暂时或长期出让帮助农户获取生产生活所需资金，增强农村经济持续健康发展的推动力。

（3）随着城镇化和农村市场经济深化发展，农户资产价值不断增大、资产闲置现象严重制约着适度规模农业和非农产业的发展，加快农户家庭资产金融价值转化刻不容缓。农户家庭资产金融价值转化应以实现农户家庭收益最大化、金融企业服务效益最大化、政府机构社会效益最大化的有机协调，最大限度增进市场主体的社会经济福利，促进城乡经济协调发展为目标。

（4）加快农户家庭资产金融价值转化，关键在于对现有法律制度和农村金融制度进行创新，充分发挥政府、金融企业和农户的主观能动性，实现宏观调控机制和市场竞争机制的有机协调。

4. 研究的政策建议

（1）以提高资产的产权清晰度为目标，加快农村资产法律确认。针对农村资产产权不明的状况，除了加快推进中央要求的农村宅基地、房屋、土地确权工作外，还应积极对现代农业设施、畜禽养殖场设施等农村生产中形成的各类资产进行法律确认和保护。

（2）以增加农村土地资本价值为目标，完善农村土地承包制度。一方面适度规模经营是未来农业发展的主流方向，在剩余承包年限较短的地方应适时开展延包工作，防止农业投资者因剩余土地承包年限过短减少甚至停止对农业的投资；另一方面完善农村土地承包权再分配制度，针对因户口外迁、子女出嫁、家庭无子继承等引起的土地分配不均、土地继承权不明、土地荒废严重等问题，健全农村土地承包权再分配制度。

（3）以开发闲置资产金融价值为目标，健全固定资产流转制度。首先，调整《物权法》《担保法》等法律中关于禁止农村土地承包经营权和宅基地使用权抵押的规定，取而代之的是对农村土地承包经营权和宅基地使用权抵押的程序、流转对象等内容作出具体规定；其次，进一步提高农村宅基地和房屋买卖的法律效力，扩大宅基地和房屋买卖对象的范围。

（4）以建立农户多元担保模式为目标，不断进行担保方式创新。鉴于农户资产种类不断增多的客观事实，金融机构应该改变过去过度依赖少量固定资产的农户信贷模式，积极探索林地、果园、水面承包经营权、合作组织股权、农业机械等生产设备、高效农业设施、存货、在产品、商标等价值较大的各类权利、动产、无形资产的抵质押贷款模式。

（5）以健全资产抵押配套机制为动力，培育农村资产流转市场。在农村地区加快建立农村家庭资产价值评估中心、资产登记中心、资产流转服务中心和资产收储中心等资产抵押中介服务机构，并逐步完善农村家庭资产流转制度和抵押权实现制度。

目　　录

| 1 |

绪　　论

本书是关于农村农户家庭资产的金融价值转化问题研究，研究内容涵盖了农户家庭资产的金融价值转化机理、转化现状、转化不足的原因及影响等一系列相关问题的理论与实证研究。本章作为全书的导入部分，主要介绍研究问题及背景、研究目标及思路、研究内容与方法、研究资料及来源、研究特色及创新，从总体上构建一个清晰的研究框架。

1.1　研究的问题及背景

1.1.1　研究的问题

农业是国民经济的基础，在我国尤其如此，2014 年我国农村地区常住人口依然高达 5.77 亿人，占总人口比例为 41.48%[①]，也即农业直接关系到我国近半数人的生存与发展。此外，我国作为人口大国，大力发展自有农业，降低对国际农产品的依赖也是国民经济健康稳定发展的必要条件，正因如此，

[①] 《中国统计年鉴（2018）》。

自 2004 年以来，中央一号文件连续 16 年将主题聚焦在"三农"领域。近些年，虽然我国农村经济发展已经取得了巨大成就，农民生活水平不断提高，但"三农"问题依然是我国经济社会发展中的短板，严重制约着我国经济发展质量和高度。当前，我国经济发展进入新常态，正从高速增长转向中高速增长，如何在经济增速放缓背景下加快新农村建设步伐、提升农业可持续发展能力、提高农业竞争力、促进农民持续增收、推进中国特色农业现代化，是必须应对的一个重大挑战。

金融是现代经济运行的核心，"三农"问题的存在与我国农村金融发展落后密切相关。在城市信贷市场上，金融机构甄别申请人与监督借款人主要通过处理借款者"软""硬"两方面的信息，"软"信息主要包括借款人的风险偏好、贷款偿还意愿、贷款偿还能力等，"硬"信息主要是指借款人提供的财务报表、抵押资产、投资计划书、项目发展历程等标准信息。在农村信贷市场上，信息不对称现象普遍较严重，农村金融机构不仅难以收集有关借款农户风险偏好、还款意愿及能力等方面的信息，而且监督农户的贷款使用情况同样困难（胡士华和李伟毅，2011），再加上农户无法提供财务报表等"硬"信息，使得农村金融机构对农户贷款不得不选择"慎贷""惜贷"政策，从而引发农村金融市场资金供给总量不足、农村金融机构资金供给与农户资金需求错位等现象，并最终导致农户融资困境（何安耐和胡必亮，2000；王冀宁和赵顺龙，2007；刘西川和黄祖辉等，2009；王修华和谭开通，2012），致使大量农户自身的"造血性"发展功能缺乏"输血诱导性"资金的支持（王定祥和田庆刚等，2011），进而阻碍了农村经济发展。对于以追逐利润为主要经营目标的农村金融机构而言，要求借款人提供抵押资产成为信息不对称条件下农村金融机构防范农户贷款风险的核心信贷技术。在此形势下，农户能否从正规金融机构顺利获得融资则主要依赖家庭资产价值能否向金融价值转化以及转化程度。

随着市场经济的不断发展，资产资本化已成为现代市场经济的基本特征。农村家庭资产资本化不仅可以提高农户的资产收益率，还有助于农户更容易地获得融资。农村家庭资产资本化的性质决定了将农村家庭资产价值转化为金融价值是解决农户融资难题的重要途径。在我国农村地区，经过改革开放四十多年的发展，广大农村区域已经积聚了种类繁多、规模巨大的各类资产，但大量农村资产处于闲置状态，资产金融价值并未得到开发，成为导致农户融资困难的一个重要因素。农村资产闲置的典型表现包括：第一，农村土地经营权闲置，也即大量农村耕地撂荒；第二，农村宅基地闲置，包括大量老房屋无人居住；第三，因农民进城等因素导致的大量新修房屋闲置；第四，农村荒山荒坡及林地闲置。在此情形下，如何盘活农村大量闲置资产，深入挖掘农户家庭资产金融价值潜力对解决农户融资难题至关重要。因此，针对农户家庭资产价值向金融价值转化的现状、成因、影响及破解对策展开研究具有重要的理论价值和现实意义。

理论界对农户家庭资产价值向金融价值转化问题的研究较少，相关研究多集中在第三方担保以及个别资产的抵押价值和流转价值上，缺乏针对农户家庭资产价值向金融价值转化的全面、系统研究。本书力求弥补前人研究的不足，对我国农户家庭资产价值向金融价值转化问题展开全面深入研究。首先，构建农户家庭资产价值向金融价值转化的理论框架；其次，在微观实地调查数据的基础上，借用描述性分析、制度分析、计量分析等方法探究农户家庭资产价值向金融价值转化不足的表现、形成原因及负面影响；最后，根据上述分析结果，有针对性地提出能够推动农户家庭资产价值向金融价值转化的政策建议。

1.1.2　研究的背景

任何研究都必须置于特定的背景下进行，离开特定的研究背景，研究所得结论以及所提出的政策建议就会出现偏离或者失准，农户家庭资产价值向金融价值转化的理论和实证研究也不例外。基于研究的需要，本书拟从历史、理论与现实三个方面来归纳和总结农户家庭资产价值向金融价值转化的研究背景。

1.1.2.1 历史背景

（1）计划经济时期（1949～1978年）。新中国成立伊始，百废待兴，为了快速摆脱贫穷落后的局面，实现积贫积弱的传统农业国向富强工业大国的转变，中央选择了高度集中的计划经济体制。这一体制下，各类经济资源完全由政府来配置，农户贷款亦属于政府信贷计划的一部分，因此，这一时期农户家庭资产价值向金融价值转化的条件并不具备，资产金融价值基本上未得到任何开发。

（2）计划经济向市场经济过渡时期（1979～1992年）。改革开放以后，政府对农村金融的管理开始由完全控制转变为主导，开始允许金融机构自主决定贷款对象和贷款额度，农户贷款供给主体开始增多，农户家庭资产价值向金融价值转化的土壤开始出现。同时，家庭联产承包责任制的实施，促使农村经济发展开始活跃，对贷款的需求量也开始增大，农户对资产价值向金融价值转化的愿望亦开始显现，但此时农户资产积累不足、资产价值向金融价值转化的相关制度设计不健全，农户家庭资产价值向金融价值转化也只是处于萌芽阶段。

（3）市场化改革后（1993年以后）。这一时期，经过长时间的资产积累，农户家庭资产价值向金融价值转化的潜力已经非常大，农村金融机构市场化运作也更为明显，但由于农户家庭资产价值向金融价值转化长期处于停滞和抑制状态，导致目前农户家庭资产金融价值开发力度依然不足。可喜的是，当前农户家庭资产价值向金融价值转化的推动力在不断增强，政府、农村金融机构、农户也都致力于推动农户家庭资产金融价值的转化，这为后期农户家庭资产价值向金融价值转化创造了巨大发展空间。

1.1.2.2 理论背景

任何研究都需要有相应的理论支撑，没有理论支撑的研究缺乏足够的说服力，对我国农户家庭资产价值向金融价值转化的研究也不例外。

当前，虽然直接研究农户家庭资产价值向金融价值转化的文献较少，但针对农户个别家庭资产（如土地、宅基地等）金融价值开发以及农村担保制度问题展开研究的理论文献较丰富，通过"盘活"农村大量"沉睡"已久的资产来推动农村经济发展亦逐渐得到理论界更多学者的认可和大力推崇。这些研究成果既包括直接吸收和引用的西方经济学理论和相应的方法体系，又包括在此基础上继承和发展，均为本书的顺利开展奠定了较好的理论基础。

1.1.2.3　现实背景

21 世纪以来，解决好"三农"问题始终是党中央、国务院工作中的重中之重，为此，中央一号文件已连续 16 年将主题聚焦在"三农"问题上。根据中共十九大报告内容，当前要实施乡村振兴战略，要坚持农业农村优先发展，按照产业兴旺、生态宜居、乡风文明、治理有效、生活富裕的总要求，建立健全城乡融合发展体制机制和政策体系，加快推进农业农村现代化；要构建现代农业产业体系、生产体系、经营体系，完善农业支持保护制度，发展多种形式适度规模经营，培育新型农业经营主体，健全农业社会化服务体系，实现小农户和现代农业发展有机衔接。促进农村第一、第二、第三产业融合发展，支持和鼓励农民就业创业，拓宽增收渠道，但这些均需要大量的资金投入。在农户自有资金不足的情况下，信贷资金成为农业投资的最主要来源。然而现实中，由于农村金融市场信息不对称现象较严重，以追逐利润为主要经营目标的农村金融机构不愿或不敢将资金大量投向农村市场，造成各类农业经营主体面临融资困境。在这一形势下，积极推进农户家庭资产价值向金融价值转化、发挥农户家庭资产金融价值将会成为解决这一难题非常重要且极具实效的途径。实践中，部分地方政府也对此进行了较多有益的探索，并取得了较好的成绩。

1.2 研究的目标及思路

1.2.1 研究的总体目标

用科学的理论和方法，系统地探索市场经济条件下农户家庭资产价值向金融价值转化机理，为我国农户家庭资产金融价值转化、农户融资困境破解以及农村经济可持续发展的政策设计提供理论和实证支持。为实现本书的总体目标，需要达到的具体目标有：第一，科学界定农户家庭资产价值向金融价值转化的概念，明晰农户家庭资产家庭资产金融价值转化的路径、投入要素、依赖环境等，厘清农户家庭资产价值向金融价值转化的机理。第二，从微观调查视角发现农户家庭资产价值向金融价值转化的现状及问题。第三，采用定性分析方法和定量分析方法（如 Probit 模型、排序 Logit 模型）相结合的方式考察农户家庭资产价值向金融价值转化不足的影响因素及对农户生产生活带来的影响。第四，合理地构建推动农户家庭资产价值向金融价值转化的长效机制，并为促进农户家庭资产价值向金融价值的顺利转化提出切实可行的政策建议。

1.2.2 研究的思路

本书是问题导向型的研究，将主要研究农户家庭资产价值向金融价值转化的现状、问题、原因、影响以及农户家庭资产价值向金融价值转化的政策建议。基本思路是：首先，围绕农户家庭资产金融价值转化，广泛挖掘、科学吸收已有的理论资源，以适合农户家庭资产金融价值转化的理论结论为逻辑起点，在充分认识到资产资本化这一现代经济基本特征的基础上，深入剖析农户家庭资产价值向金融价值转化的概念、农户家庭资产价值的发现及评估方法以及农户家庭资产价值向金融价值转化的路径、要素、环境和机理；其次，在此基础上，运用调查分析方法、制度分析方法和计量分析方法，实证分析农户家庭资产价值向金融价值转化的现状，并揭示出农户家庭资产价值向金融价值转化中存在的问题，分析农户家庭资产价值向金融价值转化不充分的原因及影响；最后，构建基于充分挖掘农村家庭资产金融价值转化潜力目标取向的推动农户家庭资产价值向金融价值转化的长效机制，并提出有针对性的切实可行的政策建议。

在当前中央高度重视农村发展、稳步推进社会主义新农村建设、致力于解决"三农"问题的现实背景下，基于我国农村地区家庭资产价值巨大的客观事实，对我国农户家庭资产价值向金融价值转化的相关问题展开研究具有重要的理论意义和实践价值。

第一，构建农户家庭资产价值向金融价值转化的理论分析框架有利于丰富现有的农村金融和家庭金融理论体系。长期以来，包括中国在内的发展中国家的农村地区，信贷市场发展比较落后，农户普遍面临信贷约束（Stiglitz & Weiss，1981a；Barslund & Tarp，2008），也因此，农村金融问题一直是理论界研究的热点问题，并形成了一系列重要理论，如金融抑制理论、金融深化理论，但对于如何通过发挥农户家庭资产的金融价值来解决农户融资难题理论界研究较少，也尚未形成成熟的理论体系，本书理论分析框架中的农户家庭资产价值与金融价值的关系原理、农户家庭资产价值的发现与评估、农户家庭资产价值向金融价值转化的渠道等理论对此将是一个有益的补充。此外，伴随着现代经济的不断发展，城镇家庭和农村家庭作为独立市场主体参与金融市场的趋势也越来越明显，家庭金融也因此正逐渐成为金融学的一个重要领域和研究分支（Campbell，2006），而中国关于家庭金融的研究还远未起步（马双和谭继军等，2014），家庭金融行为规律的"神秘面纱"迫切需要学界的大量研究来逐步揭开，所以，本书的开展同样有利于丰富家庭金融理论体系。

第二，对农户家庭资产价值向金融价值转化的研究有利于防范农村信贷风险，推动农村金融市场的稳定可持续发展。过去，农村金融市场信息不对称现象较严重是农村金融机构信贷风险较高以及不愿贷款给农户的重要因素。

在信贷市场上，信息不对称的存在通常会使金融机构面临信贷前的逆向选择风险和信贷后的道德风险，两类风险的存在又容易导致信贷市场上的信贷配给现象（Jaffee & Russell，1976），从而使金融机构面临较高的信贷风险。本书对农户家庭资产价值向金融价值转化的研究，有利于在信贷实践中充分发挥农户家庭资产的金融价值，使部分资本价值较高的资产在农村信贷市场上为各类农业经营主体提供贷款抵押，从而降低逆向选择风险（Chan & Thakor，1987）和道德风险（Smith & Warner，1979），防范农业信贷风险的发生，进而推动农村金融市场的稳定可持续发展。

第三，对农户家庭资产价值向金融价值转化的研究有利于促进农业现代化、增强农村经济活力，从而推动城乡一体化发展进程。作为现代经济的核心，金融在各国经济发展中发挥着重要的枢纽作用和"推动力"作用（王定祥，2006）。未来，我国农业生产也将向规模化、集约化方向转型，这势必会增大农业生产对资金的需求量、增强农业生产对资金的依赖度。对农户家庭资产价值向金融价值转化的研究有利于"唤醒"农村大量"沉睡"已久的资产，通过发挥这些资产的金融价值能够为农业生产注入大量"新鲜血液"，从而在我国经济发展由高速增长转向中高速增长的压力下推动农业生产以及农村经济继续保持高速增长，并不断缩小农村与城市之间的经济发展差距，最终突破新常态下经济增长速度放缓为农村经济发展带来的压力和瓶颈，实现农民持续增收和中国特色农业现代化。

1.3 研究的内容与方法

1.3.1 研究内容

本书包括理论研究、实证研究和政策研究三大部分。

（1）理论研究中，在合理界定农户家庭资产价值向金融价值转化概念的基础上，重点分析农户家庭资产金融价值转化的路径、投入要素、依赖环境，厘清农户家庭资产价值与金融价值的关系原理。

（2）实证研究中，在调查分析农户借贷需求及满足状况、农户家庭资产价值状况的基础上，重点剖析目前农户家庭资产价值向金融价值转化现状及问题、农户家庭资产价值向金融价值转化不足的成因以及给农户生产生活带来的影响。

（3）政策研究中，重点分析农户家庭资产价值向金融价值转化的目标、促进农户家庭资产价值向金融价值转化的法律保障机制、政府扶持机制、金融创新机制、市场支撑机制等内容。

具体内容结构如下：第 1 章绪论；第 2 章农户家庭资产金融价值转化的理论基础与国际经验；第 3 章农户家庭资产价值与金融价值转化的理论框架；第 4 章农户家庭资产金融价值转化状况的调查分析；第 5 章农户家庭资产金融价值转化不充分的原因分析；第 6 章农户家庭资产金融价值转化不充分的影响分析；第 7 章农户家庭资产金融价值转化的机制构建；第 8 章研究结论、政策运用与研究展望。

1.3.2　研究的范围界定

（1）核心研究问题的界定。本书所研究的问题是如何实现农户家庭资产价值向金融价值转化。一般来讲，农户家庭资产价值向金融价值转化的渠道较多，如通过抵押价值的发挥来实现金融价值、通过成为资本市场上的标的来实现金融价值、通过资产入股获取收益来实现金融价值等等。但无论是通过哪种渠道实现金融价值，都需要同时具备一些必要条件，如资产的法律确认、政府相关制度的支撑、资产流转市场的健全等等。受篇幅限制，本书将主要针对最具代表性的资产抵押渠道的金融价值转化展开深入研究。之所以最具代表性，是因为：第一，资产抵押渠道的金融价值转化潜力最大、市场对可抵押资产的需求量也最大；第二，资产抵押渠道的金融价值转化覆盖面最广，其可以在很大程度上带动其他渠道的资产金融价值转化，因此，针对资产抵押渠道金融价值转化所提出的政策建议对其他渠道的资产金融价值转化也具有一定的适用性;第三,其他渠道的资产金融价值转化在一些情况下本就是资产抵押渠道金融价值转化的一部分,如农户可以先将自有土地入股农业生产合作社获取股份从而实现其金融价值,然后再利用获取的合作社股份作为抵押向农村金融机构申请贷款从而实现资产抵押渠道的金融价值。

(2)研究的地域范围。在地域选择上,本书以重庆市为样本区域,相关选择依据也将在本书第4章的内容中给予说明。

1.3.3 研究的方法

运用恰当的研究方法研究农户家庭资产价值向金融价值转化是本书成功的关键。本书将采用如下研究方法:

(1)定性分析和定量分析相结合的方法。对农户家庭资产价值向金融价值转化而言,定性分析和定量分析是相辅相成的两种研究方法。定性分析是定量分析的前提和基础,没有定性分析的定量分析是一种盲目的、毫无价值的定量分析。定量分析可以使定性分析更加科学、准确,而定性分析只有建立在翔实的定量分析的基础上,才能揭示出事物的本质特征(王定祥,2006)。本书在对农户家庭资产价值向金融价值转化的内涵、农户家庭资产价值的发现及评估、农户家庭资产价值与金融价值的关系原理、农户家庭资产价值向金融价值转化的渠道等方面的分析将以定性分析为主,对农户家庭资产价值向金融价值转化的现状、农户家庭资产价值向金融价值转化不足的成因及对农户生产生活带来的影响将以定量分析为主,兼用定性分析。

(2)规范分析和实证分析相结合的方法。规范分析大都与理论和政策相关,实证分析则大都是与数据和事实相关的分析(王定祥,2006)。在本书中,理论体系的构建将运用数理经济学等分析工具与方法进行深入研究。同时,本书将采用计量统计研究方法,以对重庆市1046户农户的实际调查数据为依据,通过建立二元选择模型和排序选择模型,展开对农户家庭资产价值向金融价值转化的影响因素和农户家庭资产价值向金融价值转化对农户经济行为影响的实证研究。

　　确定科学合理的技术路线亦是研究取得成功的重要因素。本书的技术路线为：农户家庭资产金融价值转化概念→农户家庭资产价值向金融价值转化的路径→农户家庭资产价值向金融价值转化的要素与环境→农户家庭资产价值向金融价值转化的机理→农户家庭资产价值向金融价值转化的调查分析→农户家庭资产价值向金融价值转化不足的成因及影响→农户家庭资产价值向金融价值转化的机制设计→农户家庭资产价值向金融价值转化的政策建议。沿用应用经济学研究的设计思路，本书的技术路线可以概括为如图 1.1 所示。

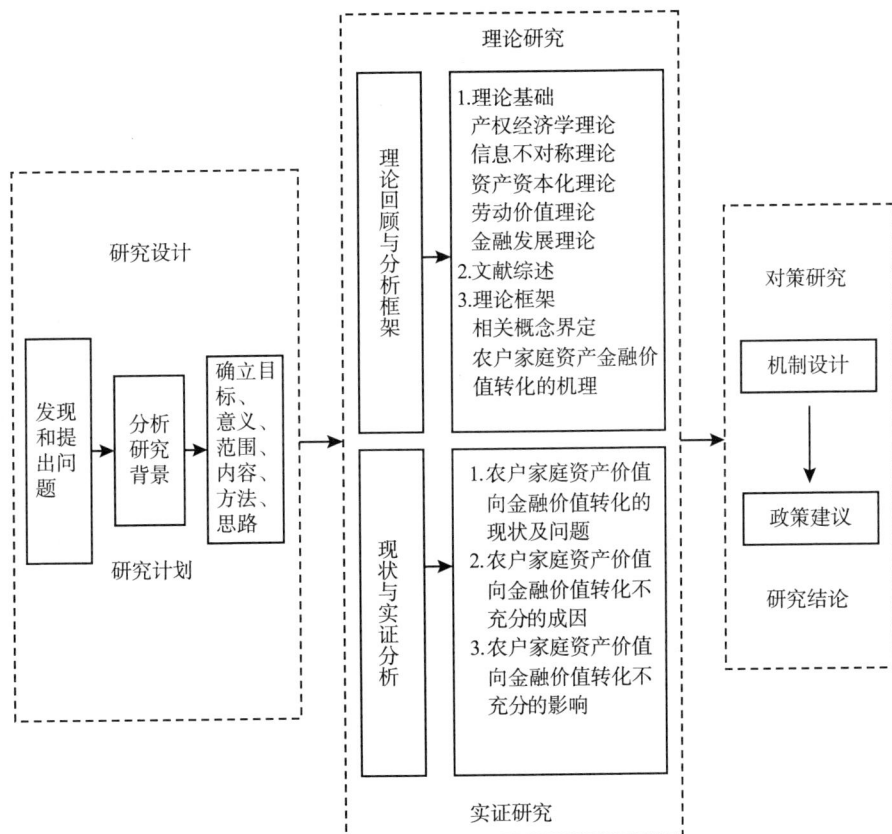

图 1.1　研究技术路线

1.4 研究的资料及来源

1.4.1 实地调查数据来源

本书所采用的数据主要为农户实地调查数据，在确定重庆市为样本地区后，为了使收集的数据更具代表性和真实性，我们在区域选择上采取了分层抽样法，并在 2014 年 2～8 月间组织培训了部分研究生以及被选择区域的基层农村干部展开调查。具体调查方法为：首先，根据经济发展水平，将重庆市所有区（县）分为上、中、下三个层次，并在每个层次中选择三个区（县）确定为样本区（县）；然后，将样本区（县）中的乡镇同样按经济发展水平分为上、中、下三个层次，在每个层次中选择一个乡镇，并在每个乡镇中选择一个村，由此将本书的样本区域确定为 9 个区（县）、27 个乡镇、27 个村；最后，在样本村村干部带领下对被选择农户进行逐一问卷和访谈调查。各区（县）具体样本数量和总体样本数量将在本书第 4 章的内容中给予说明。

1.4.2 其他数据资料来源

本书的理论资料主要来源于相关经典论著和国内外权威学术期刊，如《中国社会科学》《经济研究》《管理世界》《中国农村经济》《金融研究》《农业经济问题》等。其他数据则以国家法定或权威数据为主，主要来自《中国统计年鉴》《重庆统计年鉴》、国家及各省《国民经济与社会发展统计公报》、中国人民银行重庆营管部、权威机构的研究报告等、学术论文、知名网站等。凡是引用的数据资料，均在本书的引用位置注明了出处。

1.5　研究的特色及创新

1.5.1　研究的主要特色

第一，在数据资料方面，为了使研究更深入、更具客观性，本书采取大样本实地农户调查来对农户家庭资产金融价值转化相关问题进行分析。为了保证数据的代表性，本书以农户家庭资产金融价值转化实践运转相对较好的重庆市为样本，并选择处于各经济发展水平的样本区（县）进行入户调查。

第二，在问题论证方面，实现理论分析与实证分析充分结合。对于农户家庭资产金融价值转化，首先构建农户家庭资产价值与金融价值转化的理论框架，然后实证分析农户家庭资产价值与金融价值转化的现状及问题，农户家庭资产金融价值转化不充分的原因及影响。

1.5.2　研究的主要创新

第一，探索性构建了农户家庭资产金融价值转化的理论分析框架。本书突破现有理论以农户单一资产为研究对象的现状，提出了农户家庭资产金融价值转化的全新概念，并对其定义和内涵进行了科学界定；定性分析了农户家庭资产价值向金融价值转化的路径、投入要素、依赖环境等；通过建立数理模型分析了农户家庭资产与资产金融价值转化的关系原理。

第二，本书突破现有理论对农户资产抵押现状的文字描述性评价，通过定性分析和定量分析相结合的方式分析了农户家庭资产金融价值转化不充分的原因及影响，发现农户家庭资产金融价值转化极不充分，对农户经济行为产生了显著负面影响，制约了农户创业发生概率、层次提升和规模扩大，限制了农户收入和消费总量的增长，阻碍了农户收入和消费结构的优化。

第三，研究构建了促进农户家庭资产金融价值转化的长效机制和政策框架，为推动农户家庭资产金融价值转化健康发展提供了可行的操作方法。能够为各级政府制定促进农户家庭资产价值向金融价值转化的战略提供理论依据和决策参考。

| 2 |
农户家庭资产金融价值转化的
理论基础与国际经验

理论的创造既可以来源于实践，又可以来源于前人理论和客观现实的有机结合。理论创新的共性要求经济理论的产生和发展既要以客观经济行为的发展规律为前提，也要以前人的理论研究成果为基础。遵循这一逻辑，本书正是在深入考察我国农村家庭资产金融价值开发的客观现实以及全面总结借鉴前人相关理论研究成果的基础上提出并展开研究的。因此，本书首先对已有的相关理论成果进行梳理、综合和分析，为后文的理论分析确定逻辑起点和提供有效的理论依据，其次对涉及农村家庭资产价值向金融价值转化的相关文献进行归纳、总结和述评。根据本书的研究内容和研究目标，确定本书可借鉴的理论成果主要有：产权经济学理论、信息不对称理论、资产资本化理论、劳动价值理论、金融抑制与深化理论。

2.1 理论基础

2.1.1 产权经济学理论

产权问题是经济学的核心问题，也是连接经济学和法律的重要纽带，本书对农户家庭资产价值向金融价值转化的研究同样依赖产权经济学理论的支撑。产权经济学理论发展较早，对该理论展开研究的学者也较多。从历史考察，学界针对产权经济学理论展开研究的学者可以分为两大阵营：一是马克思主义阵营，二是西方经济学阵营。本节将在这一分类的基础上展开对产权经济学理论的系统论述和研究。

2.1.1.1 马克思主义产权理论

马克思是第一位有产权理论的社会科学家（平乔维奇，1999）。马克思主义产权理论的目的在于剖析资本主义制度、揭示资本主义产权制度本质、说明资本主义制度下产权关系虚伪性（张泽一，2008）。

（1）产权的内涵：经济关系的法律表现。

与西方经济学家和法学家不同，马克思认为法学意义上的产权和经济学意义上的经济关系有着本质联系。在分析法权关系和物质生活关系的关系时，马克思指出："法的关系正像国家的形式一样，既不能从它们本身来理解，也不能从所谓人类精神的一般发展来理解，相反，它们根源于物质的生活关系"[①]。并同时指出："这种具有契约形式的（不管这种契约是不是用法律固定下来的）法权关系，是一种反映着经济关系的意志关系。这种法权关系或意志关系的内容是由这种经济关系本身决定的。"[②] 进一步地，在论述产权与经济关系时，马克思和恩格斯明确指出："财产是和一定的条件，首先是同以生产力和交往的发展程度为转移的经济条件相联系的，而这些经济条件必然会在政治上和法律上表现出来。"[③] 因此，马克思主义产权理论认为，经济关系是产权的真正基础，产权是经济关系的法律表现。

（2）产权的本质：人与人之间的关系。

马克思产权理论的一大特色就是阐明了产权关系的本质其实是人与人之

[①] 《马克思恩格斯文集》第2卷，人民出版社2009年版，第591页。
[②] 《马克思恩格斯全集》第23卷，人民出版社1972年版，第102页。
[③] 《马克思恩格斯全集》第3卷，人民出版社1960年版，第412页。

间的关系。马克思主义认为，财产首先表现为主体（在一定经济关系中的个人或团体）对客体（外在的、客观的生产条件）排他的占有或归属关系（程启智、朱旗，1992）。马克思说："财产最初无非意味着这样一种关系：人把他的生产的自然条件看作是属于他的、看作是自己的、看作是与他自身的存在一起产生的前提，这种前提可以说仅仅是他身体的延伸。"① 但在马克思看来，这种人对物的产权关系只是表象。他说："这种把土地当作劳动的个人的财产来看待的关系，直接要以个人作为某一公社成员的自然形成的、或多或少历史地发展了的和变化了的存在……"② "孤立的个人是完全不可能有土地财产的，就像他不可能会说话一样"③。因此，马克思主义产权理论认为，财产权只能存在于一定的经济关系中，离开了人与人之间的经济关系，把财产视作单个人的权利，就如同"把语言看作单个人的产物"一样荒谬，产权关系的本质是人与人之间的关系。

（3）产权的前提：资源的稀缺性特征。

马克思主义认为，私有财产是推动社会进步的重要因素。恩格斯认为："文明时代从它存在的第一日起直至今日的动力是：财富、财富，第三还是财富，不是公有的财富，而是微不足道的单个人的财富，这就是文明时代唯一的具有决定意义的目的。"④ 与此同时，马克思也认识到资源是稀缺的，他说："人们可以取用现有的东西、无须使用任何工具（工具本身已经是预定供生产之用的劳动产品），无须改变现有东西的形式（这种改变甚至在游牧时代就已发生了）等等的这样一种状态，是非常短暂的，在任何地方也不能认为是事物的正常状态，甚至也不能认为是正常的原始状态。"⑤ 在此基础上，马克思主义认为，伴随着人类的不断进步，人类对自然资源需求不断增加，这加剧了人们对资源的争夺。然而，在资源稀缺性的限制下，人们为了争夺资源必然会引发冲突、战争及各种摩擦，从而使人们获取资源、增加自

---

① 《马克思恩格斯全集》第 46 卷（上），人民出版社 1979 年版，第 45 页。
②③ 《马克思恩格斯全集》第 46 卷（上），人民出版社 1979 年版，第 483 页。
④ 《马克思恩格斯全集》第 4 卷，人民出版社 1979 年版，第 173 页。
⑤ 《马克思恩格斯全集》第 46 卷（上），人民出版社 1979 年版，第 492 页。

身福利的成本增大。为了降低人们获取资源的成本，就需要在资源争夺的过程中设定一套规则，使人们在规则允许的范围内行事，并承认其他人已经取得的资源，以此产权为界，禁止争夺已经属于其他人的东西。马克思还认为人们对自己财产的所有权不是单一的，而是一组权利，具体包括所有权、占有权、支配权和使用权，经济生活中经常出现的其他财产权利，如经营权、出租权等都是从这四种权利派生出来的。

（4）产权的出现：经济社会发展的结果。

资源的稀缺性特征虽然是产权的前提条件，但资源的稀缺性只有在经济社会发展到一定程度才能体现出来，并引发人们的争夺。此外，伴随着经济社会发展，人们对各种资源的需求量在不断增大，生产、分配和交换行为也越来越普遍，内在要求一个共同的规则来维护经济行为正常进行。因此，马克思主义认为产权的产生是为生产、交换和分配服务的，是生产力发展的结果。对于产权的出现，恩格斯指出："在社会发展某个很早的阶段，产生了这样的一种需要：把每天重复着的生产、分配和交换产品的行为用一个共同的规则概括起来，设法使个人服从生产和交换的一般条件。这个规则首先表现为习惯，后来便成了法律。"① 马克思在论述私有财产时曾讲过，当生产力发展到一定阶段就必然会产生私有财产，这是必然的交往形式，而且当这种新的交往形式伴随着工商业的发展诞生后，法律就不得不承认私有财产是人们获得财产的新方式。进一步地，马克思还指出："私有财产的形成，都是生产关系和交换关系变化的结果，都是为提高生产和促进交流——因而都是由于经济的原因。"②

（5）产权的作用：经济顺利运行的基础。

马克思主义认为所有权的发展不仅需要商品经济发展的刺激，同时，所有权及在此基础上形成的所有制在商品经济运行中也发挥着基础性作用。在论述产权的作用时，马克思指出："私有财产的真正基础（即占有是一个事

---

① 《马克思恩格斯全集》第18卷，人民出版社1964年版，第309页。
② 恩格斯：《反杜林论》，人民出版社1999年版，第169页。

实，是不可解释的事实，而不是权利），只是由于社会赋予实际占有以法律的规定，实际占有才具有合法占有的性质，才具有私有财产的性质。"① 并认为："要使物能被当作商品来相互发生关系，商品监护人必须作为有自己的意志体现在这些物中的人彼此发生关系，以致一方必须得到他方同意，从而依双方共同的意志行动，才能在让渡自己的商品时，占有他方的商品。"② 在马克思看来，一个商品生产者，必须首先是一个产权所有者，只有这样他才可以根据自己的意志去行使自己对商品的权利，人们才能够进行正常的商品生产、分配和交换，商品经济也才得以顺利运行。

2.1.1.2 现代西方产权理论

现代西方产权理论起源于 20 世纪 20 年代，属于新制度经济学框架下的一个理论分支。针对现代产权理论展开研究的西方学者数量众多，具有典型代表性的任务主要包括科斯、阿尔钦、德姆塞茨、威廉姆森、奈特、斯蒂格勒、诺思、富鲁普顿等。

（1）产权概念界定。

对产权进行概念界定是西方学者进行产权理论研究的首要任务。科斯认为"产权是对（物品）必然发生的不相容的使用权进行选择的权利的分配。"③ 这种权利的分配不是将人为的或强制性限制施加于使用权的选择，而是选择使用权时的排他性权利分配。简单来讲，科斯所指的产权也就是对使用权的选择权，而且这种选择权是具有排他性的。阿尔钦认为，产权就是赋予产权主体某种权威，使产权主体可以利用这种权威，在所有不被禁止的使用方式中，任意选择一种方式来使用产权客体，也即"产权是一种通过社会强制而实现的对某种经济物品的多种用途进行选择的权利。"④ 德姆塞茨

① 《马克思恩格斯全集》第 1 卷，人民出版社 1956 年版，第 382 页。
② 马克思：《资本论》第 1 卷，人民出版社 1957 年版，第 69 页。
③ R. 科斯、A. 阿尔钦、D. 诺思：《财产权利与制度变迁》，三联书店上海分店 1994 年版。
④ A. 阿尔钦：《产权：一个经典注释》，载 R. 科斯、A. 阿尔钦、D. 诺思：《财产权利与制度变迁》，三联书店上海分店 1994 年版。

（Demsetz，1967）认为产权其实是一种社会工具，它的重要性在于能够帮助人们形成相互之间进行交易时的合理预期。埃格特森（1996）认为产权就是"个人使用资源的权利"。巴泽尔（1997）则认为，资产的产权由资产消费权、资产收益权和资产让渡权构成，并认为资产交换就是权力的互相转让。菲吕博腾和佩杰威齐将产权界定为："每个人在稀缺资源利用方面的地位的一种经济关系"①，并认为产权描述的是因物的存在和使用引起的人们相互之间被认可的行为关系，而不是简单的人与物的关系。

（2）产权属性理论。

西方学者认为产权具备以下基本属性：第一，产权具有排他性。所谓产权排他性也即产权主体对产权客体的各种利益享有排他性的实现权利，在无产权主体允许的条件下，其他任何个人和团体均不能实现产权客体带来的各种利益。诺思（North，1981）指出，"产权的本质是一种排他性的权利，在暴力方面具有优势的组织处于界定和行使产权的地位，产权的排他对象是多元化的，除了一个主体外，其他一切个人和团体都在排斥对象之列"。第二，产权具有有限性。产权的有限性是指产权的内容是有限的，这种有限性主要体现在三个方面：一是资产的产权在不同产权主体之间要有明确的界限；二是同一个资产的不同权利之间要有明确的界限；三是资产产权的实现条件具有有限性，也即必须在一定的政治环境、经济环境、制度环境等约束下实现。第三，产权具有可流转性。产权的可流转性是指在满足产权主体的要求或达到产权主体意愿的条件下，产权主体可以选择捐赠、变卖、交换等众多方式中的一种或几种将资产所有权转让或让渡给其他个人或团体。

（3）交易成本理论。

交易成本理论最早是由现代西方产权理论的代表人物科斯提出来的，并被学术界命名为科斯第一定理和科斯第二定理。科斯第一定理认为：假定交

---

① E.G. 菲吕博腾、S. 佩杰威齐：《产权与经济理论：近期文献概览》，载 R. 科斯、A. 阿尔钦、D. 诺思：《财产权利与制度变迁》，三联书店上海分店 1994 年版。

易成本为零，最初无论把资产权利分配给哪一个经济主体，资源都可以通过市场交易实现最优配置。但成本为零的交易在现实市场经济运行过程中几乎不存在，于是科斯又提出第二定理。科斯第二定理认为：在交易成本大于零的情况下，产权界定的不同会对资源的配置造成不同的影响。可以说，科斯第二定理在市场经济运行中发挥了重要作用，因为他发现了产权对市场经济的重要性，肯定了产权对经济运行的正向影响。但依然有学者质疑其理论，例如，巴泽尔认为科斯的交易成本理论不够全面，他只考虑了产权交易过程中产生的摩擦成本以及产权界定本身，而没有考虑一种产权界定方式相较于其他种产权界定方式的机会成本。与此同时，巴泽尔还认为产权交易在消除外部性的同时也会产生新的外部不经济，正如其所说："每次交易都会使一些财富外溢为共同财产，也总会有人花某种代价占这个便宜"①。

（4）产权功能理论。

产权功能亦是现代西方产权学者研究的重要内容。科斯的产权理论认为：第一，虽然产权交易成本为零的情况几乎不存在，但即使产权交易成本大于零，只要初始产权界定是合理的，产权界定就可以降低交易成本，也即产权清晰是提高经济效率的基础，清晰合理的产权界定能够减少资源配置的浪费，提高经济运行效率；第二，只有权利调整收益大于权利调整成本时，产权调整才会发生；第三，如果法律界定的权利调整能够减少市场界定的权利调整费用，法律对产权的界定就能够对经济运行产生积极影响。② 弗恩和菲尼（Feder & Feeney，1993）的研究结果表明土地资源的产权清晰度对农业生产力的提高和农业投资的增加有重要促进作用，因为明确地权能够有效降低土地交易成本，从而将土地资源配置到经营效率最高的农户，最终促进农业生产力的提高。总体来讲，虽然西方产权学者关于产权功能的论述和观点不尽相同，但几乎一致认为产权对经济运行的影响是正向的。他们认为清晰的产权能够激励人们努力将外部性内部化，从而推动市场经济更有效率的运转，

---

① Barzel Y. , *Economic Analysis of Property Rights*, Cambridge：Cambrige University Press, 1997.

② 沈灿煌：《我国民（私）营经济产权制度创新研究》，厦门大学博士学位论文，2009 年。

产权不明晰必然会造成公有产权的滥用，从而无法实现资源配置最优化，进而出现"公地的悲剧"。

2.1.2 信息不对称理论

信息不对称是金融市场上的普遍现象，在农村金融市场尤其如此，因此，信息不对称理论也是本书的重要理论基础。

2.1.2.1 信息不对称理论

奈特（1921）认为信息具备成本和价值的属性，也可称为一种商品。传统经济学的一个重要假设前提就是市场交易主体都拥有完全的信息，也即交易双方对彼此以及产品都是完全了解。20世纪70年代左右，西方经济学家开始注意到现实生活中，受各种因素的制约，人们无法完全掌握各种信息，导致绝对的信息对称几乎是不存在的，信息不对称是现实交易中的普遍现象。最早研究信息不对称现象的是乔治·阿克尔洛夫（George Akerlof），1970年，他首次提出了"信息市场"概念。乔治·阿克尔洛夫通过对二手车市场的分析发现，二手车市场上的买卖双方掌握的车况信息并不完全一样，二手车买主所掌握的信息永远不及卖主掌握的多，也因此，二手车市场上的买卖双方容易滋生矛盾。之后，斯彭斯（Spence，1973）和斯蒂格利兹（Stiglitz，1976）分别论述了劳动力市场和保险市场的信息不对称状况。三位经济学家也因在信息不对称理论方面做出的卓越贡献于2001年同时被授予诺贝尔经济学奖。

所谓信息不对称也即信息在交易双方中的分布不均衡、不对称，也即交易一方拥有的关于个人以及产品的信息多于另外一方，抑或一方所掌握的关于对方的信息不及对方本人。信息不对称理论的研究对象正是处在信息不对称环境中的买卖双方在所掌握信息不对称的条件下达成的社会契约，即买卖双方如何实现信息均衡的问题（靖继鹏等，2007）。在现实交易博弈中，通常将掌握信息较多的一方称为信息占优方或"代理人"，将掌握信息较少的一方称为信息居劣方或"委托人"。

对于信息不对称的内容，江世银（2000）认为主要包括三个层面：第一个层面是买卖双方中的任何一方均没有掌握完全的信息；第二个层面是现实生活中最常见的信息不对称现象，即买卖双方所掌握的信息不均衡，一方掌握的信息比另一方多；第三个层面是信息虽然在买卖双方的分布是不对称的，但买卖双方对各自占优的信息是不清楚的。关于引起信息不对称现象的原因，张维迎（2001）认为主要是由三方面的因素引起：第一个因素是信息的准确性和实效性具有时刻限制，也即信息必须是在一定的时间、地点等条件下才能发挥作用；第二个因素是搜寻信息的过程是需要付出成本的，这种成本包括金钱等有形成本以及时间、精力等无形成本，搜寻信息的同时也需要损益比较；第三个因素是信息的收集、加工和决策都需要一定的专业知识、能力和敏锐的观察力，思维习惯的不同也会对信息的利用模式产生影响，因此，买卖双方在专业知识、观察力、思维习惯等方面的差异同样会造成信息不对称。

2.1.2.2 道德风险和逆向选择风险

采用不同的标准可以对信息不对称进行不同的分类，根据信息不对称的致因，樊启荣（2003）将信息不对称分为"外生性"信息不对称和"内生性"信息不对称，"外生性"不对称信息是指由交易客体的特征、性质等外在因素而不是由买卖双方行为引起的信息不对称，该类信息不对称具有客观性。"内生性"信息不对称是指买卖契约签订前后因买卖双方中的一方或双方无法观察到、未能监督到等交易人的行为引起的信息不对称，该类信息不对称具有主观性。根据信息不对称发生的时间，又可将信息不对称分为逆向选择风险和道德风险。

采用发生时间是学界对信息不对称进行分类时最常用的标准。对于信息不对称的交易双方，张维迎（2001）认为，具有信息优势的一方为代理方，也即通常意义上的知情者，具有信息劣势的一方为委托方，也即通常意义上的不知情者。阿罗（Arrow，1973）根据信息不对称发生的时间，将信息不对称分为逆向选择模型和道德风险模型两类。第一，逆向选择模型。该模型指的是契约合同签订以前的信息不对称，具体为：在契约合同签订以前，部分私人信息（如产品质量、产品生产成本、代理人品质、代理人能力等），委托人不知情，只有代理人自己知道，从而导致了委托人合作的意愿不足。第二，道德风险模型。该模型指的是契约合同签订以后的信息不对称，具体为：契约合同签订以后，委托人无法对代理人进行有效监督，从而导致代理人出现"偷懒"的行为。

现实生活中，逆向选择模型和道德风险模型又分别会导致逆向选择风险和道德风险。所谓逆向选择风险是指在信息不对称条件下，具有信息优势的一方为了在交易中实现自身利益的最大化，可能会在合同签订以前故意隐藏部分信息，而具有信息劣势的一方则可能因此受损。所谓道德风险则是指在信息不对称条件下，具有信息优势的一方为了在交易中实现自身利益的最大化，可能会在合同签订以后抓住委托方无法实施有效监督的漏洞，故意做出一些有损对方利益的行为，即在不违背合同约定的条件下，在道德层面上做出不利于委托人利益最大化的选择。无论是逆向选择风险还是道德风险，都必然会影响交易的高效率运转，从而导致市场失灵。

2.1.2.3　信息不对称理论在金融市场中的应用

（1）信息不对称与信贷配给。

信息不对称不仅存在于实体经济中的商品交易，虚拟经济交易中也同样普遍。金融市场属于虚拟经济的一部分，其交易主体之间普遍存在着信息不对称现象。基于此，金融市场交易主体为了实现自身利益最大化，可能会采取欺骗或不道德行为。徐杰（2004）认为："金融市场是一个脱离了实物经济、在某种程度上按自身规律自主运行的虚拟经济的具体形式……金融市场中的信息的严重不对称可能导致逆向选择或道德风险的严重恶化，使得金融风险不断累积，金融脆弱性加剧，最终导致金融危机"。在信贷市场上，贷款银行与借款者之间就存在着非常明显的信息不对称问题，借款者所掌握的关于投入项目经营状况、风险大小、自身实际收入状况、偿债意愿等方面的信息明显多于贷款银行，属于信息占有方，而贷款银行能够了解到的借款者个人的信息以及借款者所投资项目的信息明显要少于借款者，属于信息劣势方。相对于大型企业，贷款银行与中小微企业之间的信息不对称程度更为严重。在农村金融市场上，由于农户无法提供财务报表、现金流、资产负债等各种"硬"信息，导致农村信贷市场上的信息不对称程度要比城市信贷市场严重。在信贷交易过程中，贷款银行和借款者具有不同的目标。借款者的目标是实现自身利益最大化，为此甚至不惜牺牲贷款银行的利益。而贷款银行的目标是保证贷款本金能够按时收回并收取一定的利息费用。在信息不对称得不到有效解决的情况下，贷款银行为了降低信贷风险、保证自身资金安全，就会选择以信贷配给的方式发放贷款。无论是事前的逆向选择风险还是事后的道德风险都会导致信贷配给的发生，斯蒂格利茨和韦斯（Stiglitz & Weiss，1981b）在对信贷市场中出现的逆向选择风险和道德风险进行分析的基础上，提出信贷配给产生的根源在于贷款银行和借款者之间的信息不对称，信息不对称是信贷配给出现的根本原因，而且在逆向选择风险和道德风险存在的条件下，即使政府不干预，信贷市场也会形成长期均衡的信贷配给。

为了更为直观地理解信息不对称产生的逆向选择风险和道德风险是如何引起信贷配给的，此处借用数理模型来分析。逆向选择风险和道德风险虽然引起贷款银行信贷风险的机理不同，但结果均是借款者不按时偿还贷款甚至不还贷款，从而导致贷款银行信贷违约率和不良资产率升高，因此，此处将逆向选择风险和道德风险作为一个整体来分析。假设借款者的项目投入资金全部为银行信贷资金，借款者从贷款银行获得的贷款额为 L，贷款利率为 r，贷款违约成本为 C，项目的投资收益是资金投入额 L 的函数 $f(L)$，此时借款者在单位时间内的静态收益函数 π 可以表达为：$\pi = f(L) - (1+r)L$。对于贷款违约成本，若满足 $f(L) > (1+r)L > C$，理智的借款者就会选择不偿还贷款，从而产生信贷违约，使贷款银行面临 $(1+r)L - C$ 的损失。若满足 $f(L) > (1+r)L$ 且 $(1+r)L < C$，借款者违约的话就会面临 $C - (1+r)L$ 的损失，所以理智的借款者就会选择按时偿还贷款，贷款银行就不会面临损失。因此，

在贷款利率既定的条件下，贷款银行要想降低借款者的违约概率，就应该使贷款总量少于 $C/(1+r)$，从而产生信贷配给，信贷配给额度的大小则主要取决于贷款违约成本 C（夏泰凤，2011）。

（2）信息不对称与融资结构。

信息不对称不仅会对借款者的融资规模、融资成本造成影响，还应影响到借款者的融资结构。梅耶斯和迈基里夫（Myers & Majluf，1984）在对信息不对称对融资成本的影响进行研究的基础上，提出了新优序融资理论。该理论认为，在信息不对称存在的条件下，企业在进行融资时，一般会遵循内源融资、债务融资、权益融资的先后顺序。克里希纳斯瓦米和苏巴马廉（Krishnaswami & Subramaniam，1999）在分析信息不对称对企业公众渠道融资和私人渠道融资决策影响的基础上，发现信息不对称程度越严重，企业越倾向于选择私人渠道融资。巴拉斯等（Bharath et al.，2009）利用 1972 ~ 2002 年部分美国公司的数据对微观市场结构中信息不对称对企业融资结构的影响进行了研究。研究发现，微观市场结构中的信息不对称也如同融资优序理论所指出的那样是融资结构的一个重要影响因素。利里和罗伯特（Leary & Robert，2005）、戈麦斯和菲力普（Gomes & Phillip，2005）等学者的研究结果同样也印证了信息不对称条件下融资优序理论的存在。

2.1.3　资产资本理论

资源资产化、资产资本化、资产证券化是现代市场经济的典型特征，同时也是资产价值运转和实现的典型形式。因此，研究农村家庭资产金融价值开发问题离不开资源资产化理论、资产资本化理论、资产证券化理论等资产资本理论的重要支撑。

2.1.3.1　资源资产化理论

资源资产是国民经济持续健康运转的物质基础，也是提高和改善人们生活水平的重要条件。资源资产化是市场经济条件下各类资源管理的必然选择

（袁尧清，唐德彪，2012）。吴保华等（2002）认为资源是指自然界中在一定经济、技术和社会条件下能够被人类利用作为生产、生活原材料的物质以及能量的来源。资源进入经济活动后，就会获得一种特殊的价值，此时资源就会转变成资产。资源资产化思想最早兴起于西方国家。20 世纪初，伊利和莫尔豪斯（Ely & Morehous）就提出了资源资产化管理思想，此后伴随着国际资源保护主义运动的不断推进以及以计算机应用为核心的数学分析方法的不断进步，资源资产化管理研究得到了很好的发展。所谓资源资产化管理，倪东生（2005）认为就是遵循资源的自然规律，根据资源生产的客观实际，在资源的开发利用以及资源的生产和再生产过程中，按照经济运行规律进行生产管理。并认为资源资产化管理具有三大基本特征：一是自我积累增值性；二是确保所有者权益；三是产权的可流转性。李慧娟等（2005）对资源资产化管理概念的界定以及资源资产化管理特征的分析与倪东生相似，通过对水资源资产化管理进行研究，认为资源资产化管理的目的就是有偿使用各类资源，通过规范化的投入产出管理，实现资源经济效益的增加，确保所有者权益不受侵犯，增加资源产权的可流转性和可交易性，使人们生产、生活福利因此得到改善，并最终促进各类资源价值的顺利实现。其还认为产权管理是资源资产化管理的核心，所谓产权管理也即通过对资源的资产化管理，明晰资产的产权并实现资产产权的可流转和交易，从而保证每一个资产产权所有者实现自身利益最大化。

2.1.3.2 资产资本化理论

（1）资本的特征分析。

根据上述经济学者对资本的定义可知，资本具有以下几个方面的特征：

第一，资本具有产权明晰性特征。资本首先是资产，资产的典型特征就是具有可交易性和可排他性，因此，资本也具有产权明晰的特征。产权不明晰，资本投入产生的收益归属就不清晰，资本投入到生产经营活动中的积极性就不高。

第二，资本具有能够带来剩余价值的特征。资本是"资产阶级社会支配一切的经济权力"①。从资本本质上来讲，资本就是"对无酬劳动的支配权"②，这是资本与生俱来的权力，也就是对剩余价值的索取权和控制权。资本生存的根本目的就是通过在具体的生产过程中控制和支配雇佣劳动，获取一定数量的剩余价值。现实生产过程中，如果不对资本获取剩余价值的权力给予认可，剩余价值的产生就不会那么强烈，甚至不会产生剩余价值。

第三，资本价值具有形式多样性特征。资本价值不是单一的表现形式，根据不同的生产流通阶段，可将资本分为货币资本、生产资本和商品资本三种形式，且三种形式在不同的生产阶段可以进行转化。在原材料流通领域，货币资本通过购买生产资料和劳动力转化为生产资本；在生产领域，生产资本通过将生产资料和劳动力投入到生产过程生产出包含预付资本和剩余价值的商品转化为商品资本；在商品流通领域，商品资本通过将商品出售而转化为货币资本。

第四，流动性特征。流动性是资本实现剩余价值的必要条件，资本的剩余价值也只能在流动中实现。马克思认为，资本只有在运动中才能实现价值增值，一旦停止运动，资本就丧失了它的生命力。也即资本必须在货币资本→生产资本→商品资本→货币资本这种周而复始的资本循环流动中，才能实现剩余价值。

第五，资本具有种类多样性特征。资本不仅包括有形资本（机器设备、房屋、库存等）、无形资本（商标、技术、知识等）、人力资本等产业资本，还包括从产业资本循环中分离出来的借贷资本、商业资本、银行资本等资本形式（李莹，2011）。

（2）资产资本化的内涵。

在经济学说史上，最早提出资本化思想的是马克思。马克思在分析土地

---

① 《马克思恩格斯全集》第 2 卷，人民出版社 1979 年版，第 25 页。
② 马克思：《资本论》第 1 卷，人民出版社 1995 年版，第 584 页。

地租问题时认为，地租不过是"价值增殖的形式"①"资本化的地租即土地价格"②"土地价格不外是资本化的因而是提前支付的地租"③，因此，在马克思看来，土地价格并不是土地所有权的价格，而是将土地租金资本化后的地租的价格，土地价格就是地租的资本化，他还提出："任何一定的货币收入都可以资本化，也就是说，都可以看作一个想象资本的利息"④。葛扬（2007）认为，所谓资产资本化就是指任何将资产凭其未来收益转换成资产现期市场交换价值的过程。孙京海（2010）认为资本化是指将被资本化的对象转化为资本的过程和趋势，使被资本化的对象从一般意义上的无差别有用物转变为具有商品性、能创造价值和剩余价值的有差别的有用物。根据上述定义不难发现，所谓资产资本化就是将资产赋予资本的价值，也即将具有一定价值的资产投入到市场，并通过资产流通实现增值和获取收益。一般来讲，资产只有在流动过程中才能够实现其价值，因此，资产资本化是一个动态过程，这一动态过程也即资产实现价值的过程。

2.1.3.3 资产证券化理论

资产证券化最早起源于美国，其作为一项金融技术，是资产资本化的重要途径，也是最具活力的金融创新工具之一。对于资产证券化的定义，申克和科莱塔（Shenker & Colletta，1991）认为资产证券化是指股权或债权凭证的出售。诺顿等（Norton et al.，1995）认为资产证券化是指把不易销售的资产或应收账款转换成可以在资本市场上发行和销售的证券的过程。李公科（2005）认为资产证券化实质上就是将现有或未来必定发生的金钱债权转化为证券形式的一种融资方式。而且可以对资产证券化的过程这样进行描述：原始权益人（发起人）把其持有的不能短期变现但可以产生稳定的可预期收益的金钱债权，作为拟证券化的基础资产，并转移给专为实现证券化目的而

---

① 马克思：《资本论》第3卷，人民出版社2004年版，第698页。
② 马克思：《资本论》第3卷，人民出版社2004年版，第901页。
③ 马克思：《资本论》第3卷，人民出版社2004年版，第714~715页。
④ 马克思：《资本论》第3卷，人民出版社2004年版，第702页。

设立的 SPV（发行人），SPV 将取得的单项或多笔基础资产进行重组和信用升级后，再以此为担保发行资产支持证券，并以该基础资产的收益作为保证支付证券的本息。总体来讲，资产证券化可以将未来能够产生稳定现金流但缺乏流动性的资产进行交易信用和结构提升，通过发行证券，实现该类资产的流动性。资产证券化实施的目的在于化解证券标的资产流动性较差或者缺乏流动性的难题，帮助资产所有者获取发展所需要的资金，降低资产所有者的融资成本，从而在不依赖传统金融中介机构的前提下解决资产所有者的融资难题，进而推动经济的可持续发展。然而，并不是所有的资产都可以进行资产证券化，一般来讲，要进行证券化的资产应同时具备以下几个条件：第一，未来能够产生稳定的、可预测的现金流；第二，持续一定时期的低违约率的历史记录；第三，偿还均匀的初始债务；第四，初始债务人具有较广泛地域分布和人口统计分布；第五，抵押资产对债务人的效用较高抑或是变现价值较高；第六，金融资产具有高质量、标准化的合同条款（沈沛，2000）。

2.1.4　劳动价值理论

劳动价值理论最初是由马克思提出，是马克思主义政治经济学体系的逻辑出发点。该理论在目前的商品交换和市场经济发展中应用广泛。

2.1.4.1　马克思劳动价值理论

（1）商品二重性理论。

商品二重性是指作为用来交换的劳动产品，商品是使用价值和价值的统一，具有使用价值和价值两种属性。作为商品，首先，要具有有用性，即能够满足人们某种需求的属性，这也就是商品的使用价值。商品使用价值是人类社会赖以生存和发展的物质基础，是构成社会财富的物质内容，它体现了人与自然的关系，属于商品的自然属性。但研究商品使用价值不是马克思主义政治经济学研究的最终目的，一种物品仅仅具有使用价值是不够的，其要成为商品还必须具有交换价值，也即不同种物品使用价值相互交换的量的比例，就如大自然中的空气一样，只具有使用价值不具有交换价值的物品是不能成为商品的。其次，不同商品之所以能够在商品市场上相互比较和交换，说明这些具有不同使用价值的商品中含有某种同质的东西，这种同质的东西就是商品的价值，它是凝结在商品中的无差别的一般人类劳动，是商品的社会属性。商品的使用价值和价值既相互联系又相互依存，相互依存是指一种物品要想成为商品必须同时具备使用价值和价值，只具有使用价值不具有价值的物品不能成为商品，同样只具有价值不具有使用价值的物品也不能成为商品。相互排斥是指一个人不能同时拥有商品的使用价值和价值。对商品生产者来说，其生产商品的目的是获取其价值，对商品消费者来说，其购买商品的目的是获取其使用价值。商品生产者要想获取商品的价值必须舍弃使用价值，将其让渡给消费者，同样，消费者要想获取商品的使用价值也必须向生产者支付同等价值量的商品来交换。

（2）劳动二重性理论。

马克思曾说过："在所有以前的经济学家那里，把商品归结为'劳动'的分析，都是模棱两可的、不完全的。把商品归结为'劳动'是不够的，必须把商品归结为具有二重形式的劳动"①。所谓劳动二重性是指生产商品的劳动具有具体劳动和抽象劳动二重属性。马克思指出："一切劳动，一方面是人类劳动力在生理学意义上的耗费；就相同的或抽象的人类劳动这个属性来说，它形成商品价值。一切劳动，另一方面是人类劳动力在特殊的有一定目的的形式上的耗费；就具体的有用的劳动这个属性来说，它生产使用价值。"② 所谓具体劳动是指生产目的、操作方法、所用工具、劳动对象、劳动结果都各不相同的劳动，该类劳动创造的是使用价值。所谓抽象劳动是指无差别的一般人类劳动，该类劳动创造的商品价值。关于商品的价值量，马克思说："每一种商品的价值，都不是由这种商品本身包含的社会必要劳动时

---

① 《马克思恩格斯全集》第49卷，人民出版社1985年版，第51页。
② 马克思：《资本论》第1卷，人民出版社2004年版，第60页。

间决定的，而是由它的再生产所需的社会必要劳动时间决定，这种再生产可以在和原有生产条件不同的、更困难或更有利的条件下进行。"① 这种社会必要劳动时间是指"在现有的社会正常的生产条件下，在社会平均的劳动熟练程度和劳动强度下制造某种使用价值所需要的劳动时间。"②

（3）剩余价值及价值来源理论。

根据马克思劳动价值理论所述，价值由剩余价值和必要价值构成。必要价值是指生产劳动力所需要生活资料消耗的劳动时间，剩余价值是指生产剩余产品消耗的劳动时间，也即商品价值中除去必要价值的部分。剩余价值又可分为绝对剩余价值和相对剩余价值，绝对剩余价值是指在社会必要劳动时间不变的情况下依靠延长劳动者工作时间创造的剩余价值，相对剩余价值则是指在劳动者工作时间不变的条件下，通过提高劳动生产率、缩短社会必要时间创造的剩余价值。马克思指出："相对剩余价值与劳动生产力成正比，它随着生产力的提高而提高，随着生产力的降低而降低。"③ 关于价值的来源，马克思认为"劳动是唯一的价值源泉"，马克思所说的劳动是指抽象劳动，也就是活劳动，这一源泉具有唯一性，是构成商品的价值实体。

2.1.4.2 新时期劳动价值理论的丰富与发展

马克思的劳动价值理论自诞生以来就在商品经济领域得到了广泛推广和应用，然而，伴随着市场经济的不断发展，马克思劳动价值理论也开始暴露出一些缺陷，这成为新时期大量学者的重要研究对象，大量学者的深入研究也对马克思劳动价值理论进行了很好的丰富和发展。这其中，最为典型的理论为商品价值产生理论。

---

① 马克思：《资本论》第3卷，人民出版社1957年版，第158页。
② 马克思：《资本论》第1卷，人民出版社2004年版，第52页。
③ 《马克思恩格斯全集》第23卷，人民出版社1972年版，第355页。

（1）交易亦是创造价值的劳动。

马克思在揭示剩余价值来源时认为，价值增殖只可能来源于生产领域，交换不是价值增殖的源泉。陆立军（2002）认为可将人与人之间的物质交换视为交易活动，人与人之间的物质交换不仅是为了获取商品的使用价值，还为了获取更多的合作剩余和交易利益，交易同样能够创造价值，而且伴随着商品交易频率的提高和交易数量的快速增大，交易在经济活动中的地位也越来越高。交易创造价值的原理表现在：物质交易之后，可以对各类生产要素进行优化组合，此时同等的生产力较交易之前能够创造更多的财富，交易所创造价值的大小等于交易活动之后各生产要素创造的财富与交易活动之前所创造的财富之差。只是与劳动所创造的剩余价值归生产者所有不同，交易所创造的价值一般由交易双方共同分享。在市场经济中，交易创造价值的潜力无穷，尤其在信息和传播技术高度发达的当代，能够大幅提高商品交易效率。因此，在当前农村地区大量资产处于"沉睡"状态的客观现实下，应该通过健全流转制度、完善流转市场等多种手段将大量"沉睡"资产盘活，使其通过交易流转为资产所有者创造更多的价值。

（2）生产诸要素共同创造价值。

马克思关于商品价值量由社会必要劳动决定的论述，引发了学术界关于价值是一元论还是多元论的争论。例如，吴易风（1995）认为创造价值的只有劳动，如果用生产函数来表示，商品价值的生产函数只能表示为一元函数，而不是用多元函数来表示。但陆立军（2002）认为如果没有与其他生产要素结合，劳动生产商品的现实就无法进行，因此，价值形成和价值增殖的过程是诸多生产要素共同作用的结果。鲁从明（2001）同样认识到了在当代商品经济条件下，各种非活劳动因素在价值增殖过程中所发挥的客观制约作用越来越明显。为了更全面地反映价值形成和增殖过程，其还在坚持劳动价值理论的基础上，将商品价值的源泉总结为两个层次，并认为商品价值形成的过程是这两层源泉的统一。第一个层次，商品价值形成的现实源，也即马克思主义劳动价值理论上的人类抽象劳动，又称活劳动，人类抽象劳动构成商品的价值实体，从这一角度来讲，商品价值的源泉具有唯一性；第二个层次，商品价值形成的潜在源，也即除劳动以外的生产诸要素，包括土地资源、生产资料、资本，这些生产要素是决定劳动生产效率的客观条件，具有价值增殖的潜在可能性。

2.1.5 金融发展理论

金融发展与经济增长之间的关系一直是金融经济学领域研究的热点问题，并产生一系列金融发展的理论。此处选择了与本书密切相关的金融抑制和深化理论、金融结构理论、金融生态理论进行理论回顾。

2.1.5.1 金融抑制理论

麦金农（Mckinnon，1973）在对发展中国家金融与经济互动关系的研究中提出了著名的"市场分割性假说"和"金融抑制假说"。麦金农认为欠发达地区经济的典型特征是"分割性"，政府将市场分割为两个小市场，而且两个小市场之间竖着一堵无形的墙，致使其无法通过市场机制实现一致的资本报酬率。经济分割的重要内容之一就是资本市场分割，资本市场分割将大量小企业和住户排除在正规资金市场之外，对于企业和住户而言就是，拥有潜在生产机会的企业和住户，自有资金缺乏且难以获得外源融资，而对于资金充足的企业，往往又缺乏内部生产机会，导致拥有大量潜在生产机会的企业和住户只能依赖"内源融资"或求助于民间金融市场，这也就是麦金农（Mckinnon，1973）和肖（Shaw，1973）所提出的金融抑制理论。

对于金融抑制形成的原因，麦金农和肖认为这是政府对金融市场运转和信贷资金分配过度干预的后果。他们认为，在发展中国家，政府为了实现某种经济战略，通过实施行政干预将正规金融机构中的信贷资金以低于市场价格的成本配置到优先发展一些产业和项目上，与此同时，过低的甚至负的实际存款利率，导致正规金融机构难以大规模积累储蓄资金，从而使金融市场上的资金供不应求。在行政干预过程中，政府所采取的手段主要包括提高金融市场准入门槛、严格控制外贸外汇、人为压低金融市场利率、制定非均衡信贷政策等等。

对于金融抑制的后果，麦金农和肖认为金融和经济是相互促进、相互制约的关系。正常情况下，金融机构能够将社会富余资金动员到有资金需求的生产单位或个人，从而推动经济发展，经济的发展又可以带动更多的资金需求并提高储户的储蓄能力，促使金融服务经济发展能力的提高，进而形成金融与经济发展的良性循环。然而，在金融抑制存在的条件下，金融体系无法起到资金配置作用或难以将资金配置到真正有资金需求而且项目质量好的借款者手中，从而阻碍经济发展，经济发展速度的放缓又会进一步降低金融体系服务经济发展的能力，从而导致金融与经济发展之间出现恶性循环。

在我国农村金融市场上，金融抑制现象长期存在，受信贷配给、利润最大化目标趋势、农村金融机构自身经营能力较差等因素的影响，农村金融市场上的大量资金需求者难以从正规金融机构获得融资，导致农村大量优质项目无法开展或者中途失败，最终的结果是农民收入增长速度慢，农村经济发展长期处于被压制状态，城乡差距不断扩大。但与麦金农和肖提出的金融抑制现象不同的是，该理论认为金融抑制的重要表现之一是受利率过低或负实际存款利率的影响，金融机构难以大规模积累储蓄资金，而我国农村金融抑制的典型表现是农村金融机构储蓄规模较大却难以将储蓄资金配置到有资金需求的借款者手中。

2.1.5.2 金融深化理论

金融深化理论是麦金农和肖针对发展中国家落后的金融体系导致的金融抑制现象而提出的理论。后经众多学者的深入研究，金融深化理论体系不断完善并成为指导金融经济发展的重要理论。多个国家的经济发展实践表明，金融深化改革是实现金融与经济良性循环的重要途径。

麦金农和肖认为金融深化是指国民财富和社会资产金融化程度的加深，金融深化的目的是培育一个高度发达且有效率的金融体系，发挥金融在经济发展过程中的核心作用。该理论的核心思想是政府放弃对金融市场和金融体系的过度干预，推行利率和汇率的市场化形成机制，使利率和汇率能够充分反映资金与外汇的实际供求关系，进而推动储蓄和投资的增加（赵鑫，2013）。金融体系有效动员和配置资金有利于促进经济发展，而经济发展又会反过来刺激资金需求的扩大并推动金融业进一步发展，从而形成金融发展和经济发展相互促进、相互推动的良性循环。

金融深化理论认为，金融深化能够产生以下四大经济效应：第一，收入效应。金融抑制理论认为，健全的金融体系与经济发展之间能够形成良性循环，抑制下的金融体系与经济发展之间会出现恶性循环，因此，金融发展对经济发展的影响是双重的，既有正向效应，又有负向效应，对居民收入的影响亦如此。此处的收入效应是指金融发展对居民收入的正向效应高于负向效应的部分。莱文（Levine，2008）的研究结果也表明了，中长期看，金融深化能够促进居民收入的增长。第二，储蓄效应。储蓄效应体现在两个方面：一是储蓄倾向一定的条件下，居民收入水平的增加会带动储蓄的增加；二是货币实际收益的增加，会提高居民储蓄倾向，鼓励人们将更多的资金用于储蓄。第三，投资效应。肖认为金融深化可以实现资本市场的统一，它有利于减少行业间和地区间投资收益的差异性从而提高投资平均收益。第四，就业效应。金融深化会带动货币实际收益的提高，从而增加资金使用成本，这会导致一些投资者由资本密集型产业向劳动密集型产业转型。

对于金融深化理论的政策主张，麦金农和肖的观点是发展中国家政府应放弃对金融体系的过度干预，推行利率和汇率的市场化形成机制。这一政策主张基本上得到了各个国家学术界的认可，并成为众多学者研究金融深化改革政策的逻辑起点，但由于各国国情和金融抑制表现的不同，决定了各国的金融深化改革政策亦不尽相同。例如，仇娟东等（2011）认为，针对我国金融体系当前存在的问题，金融自由化政策是促进金融深化的重要工具，但不能是一味地进行市场、利率、汇率、资本流动的自由化，政府应该在金融深化改革过程中对其进行必要的审慎监督和管理。总体来讲，根据金融深化理论，要消除我国农村金融市场的金融抑制现象，应该加快进行金融深化改革，降低政府对农村金融发展的干预力度，积极推进利率市场化改革，提高农村信贷资金的配置效率。

2.1.5.3 金融结构理论

金融结构理论是金融发展理论的重要组成部分。1969 年，戈德史密斯在其出版的《金融结构与金融发展》一书中对金融结构理论进行了系统论述①。该书采取定性与定量相结合、纵向与横向相比较的方法，对 35 个典型国家进行了大量分析，通过分析揭示了决定金融发展、金融结构和经济发展的重要因素以及三者之间的相互关系。对于金融结构与经济发展之间关系，该书通过对 35 个国家的横向对比发现，金融结构与经济发展密切相关，与经济体系相适应的金融结构有利于促进经济发展。

戈德史密斯认为所有金融现象均由金融结构、金融机构（即金融中介机构）和金融工具（包括债权凭证和所有权凭证）三个基本方面组成，并认为金融结构是一国金融机构和金融工具之和，金融结构也就是金融工具和金融机构之间的相对规模、比重。金融结构理论认为，金融结构对经济发展的促进作用主要依赖金融机构和金融工具的多样性来实现，正如戈德史密斯所说："对于经济分析来说，最重要的也许是金融工具的规模以及金融机构的资金与相对应的经济变量之间的关系。"金融工具和金融机构提供的可选择机会越多，金融结构就越发达，人们参与金融活动的积极性就越高，资金使用效率也就越高，因此，金融结构越发达，经济增长就越快。与此同时，金融结构理论非常注重金融体系的正常运转和金融工具的有效供给，并认为这是金融促进经济增长的关键。

除此之外，戈德史密斯还开创性地提出"金融发展就是金融结构的变化"，因此，可以通过研究各国金融结构的不同来发现金融发展水平的差异。为了能对各国金融结构更好地进行定量分析，戈德史密斯还制定了系统评价金融结构的指标体系，该体系共包括 8 项指标，其中最核心的指标为金融相

---

① 雷蒙德·W. 戈德史密斯：《金融结构与金融发展》，三联书店上海分店 1994 年版。

关比率，指标含义为全部金融资产价值与国民财富之比。其余 7 个指标分别为：金融资产和负债在金融工具中的分布、金融机构金融工具发行额与非金融组织金融工具发行额的比率、金融机构发行或持有的金融资产所占比例、各种类型金融机构资产的相对规模、各金融机构之间的关联程度、非金融单位或个人外源融资和内源融资的相对规模、非金融单位或个人外源融资中各种金融工具所占的比重。

自戈德史密斯开创性地提出了金融结构理论后，金融结构与经济发展之间的关系问题就成了学界研究的热点问题。卡林和迈尔（Carlin & Mayer，2003）在对 14 个经济合作与发展组织国家金融结构与经济增长之间关系进行的研究发现，实体经济发展对金融机构具有强烈的依赖性，产业发展结构与金融结构之间具有明显的相关关系。艾伦等（Allen et al.，2006）利用动态面板技术与横截面回归相结合的方式对两者之间的关系展开了研究，发现以知识密集型企业为主的产业结构更倾向于市场主导型金融结构，以实物资产密集型企业为主的产业结构更倾向于银行主导型金融结构。国内学者中，林毅夫和姜烨（2006）认为金融结构是指不同金融制度安排参与经济金融活动的相对规模。在要素禀赋与比较优势理论的基础上，林毅夫等（2009）还提出了最优金融结构理论，并认为不同的要素禀赋结构决定了不同的产业结构，唯有金融结构与产业结构相匹配，才能有效发挥金融的资源配置功能，从而促进经济发展。

当前，我国农村金融市场亦存在金融结构失调的问题。金融机构方面，以农村信用社、农村商业银行、中国农业银行、中国邮政储蓄银行等正规大型国有银行为主的银行体系难以满足农户多样化的金融需求。金融工具方面，农村金融市场经济主体主要依赖银行信贷进行融资，债券、股票等其他融资工具非常匮乏。傅昌銮（2014）以浙江省为例对我国县域农村金融结构与经济发展之间关系进行的研究发现，相对于大型银行，中小型金融机构更适于县域经济发展，更有利于提高资金配置效率，与此同时，其还认为对于县域经济，金融结构指标在衡量金融系统的经济影响方面要优于金融规模指标。

2.1.5.4 金融生态理论

金融生态理论的提出旨在推动金融产业的可持续发展。在国内，白钦先（2011）较早提到金融生态环境的概念，其认为金融生态环境由金融资源的开发利用过程及状态、效率等构成，一定时期内，金融生态环境的容量和净化能力会对经济发展产生影响，当金融生态环境遭到破坏就会反作用于经济，使经济发展失去稳定和持续的基础，因此，要想实现经济健康可持续发展，就必须保持一个良好的金融生态环境。周小川（2004）首先将生态学理论系统地引申到金融领域，指出微观层面的金融生态具体包括社会信用体系、法律、执法公正性、银企关系、中介服务体系、会计与审计准则、标准执行等方面的内容，并重点论述了法律对金融生态环境的重要性。金融生态理论在国内出现以后，金融生态环境与经济发展之间的关系亦成为学者的重点研究对象。侯晓辉等（2012）利用全国 29 个省区的面板数据进行的实证研究发现，金融生态环境对大中型工业企业的创新能力有重要促进作用。翟胜宝等（2015）以制造业上市公司为样本展开的研究也认为金融生态环境是中国制造业企业创新能力提高的重要促进因素。

农村金融生态环境作为金融生态的重要组成部分，反映了农村金融市场信贷关系的和谐程度（金运和韩喜平，2014），然而，与城市相比，我国农村金融生态环境不容乐观（史亚荣和何泽荣，2012），一方面农村金融生态环境整体不好，另一方面各地区农村金融生态环境存在差异。一般认为，政府对金融的不当干预、融资渠道狭窄、金融组织体系不健全、农村居民文化水平低、法制观念淡薄、基础设施投融资环境不够完善等是造成农村金融生态环境差的重要因素（吴鞳，2013；管斌彬，2015），而对于区域差异，周妮笛（2010）认为地方政府服务水平、农村社会保障水平、农村金融运行状况等是重要原因。根据金融生态理论，降低农村信贷风险、改善农村金融生态环境是推动农村金融持续健康发展的基础，这为本书所要研究的通过农户家庭资产金融价值开发来降低农村信贷风险奠定了理论基础。

2.2 文献综述

2.2.1 国外的研究进展

关于农村金融问题，国外展开研究的较早，但鲜有就农户家庭资产价值向金融价值转化这一问题展开研究，相关研究多集中在农户融资困难、农村信贷市场上信息不对称的缓解、家庭资产对农户信贷行为的作用状况等问题上。

2.2.1.1 农村金融市场农户融资难的问题研究

农村金融问题尤其是发展中国家的农户融资问题一直以来都是西方经济学者重点关注的问题。例如，蔡（Tsai，2004）、阿科特等（Akoten et al.，2006）、巴斯隆特和特瑞普（Barslund & Tarp，2008）等人的研究结果显示，在许多发展中国家的农村地区，农村家庭金融抑制和信贷市场发展落后问题非常普遍，导致农户普遍面临信贷约束。侯赛因和塔帕（Hussain & Thapa，2012）对巴基斯坦 208 户农户的研究结果显示，在国家信贷政策的支持下，已有一定比例的农户通过正规金融机构实现融资，但相对于金融机构信贷总额以及农户的信贷需求，农户获得的融资额度是严重不足的。金井和盖哈（Imai & Gaiha，2012）以微型金融机构提供的小额信贷交易数据和世界银行数据进行了实证分析，结果表明微型金融能显著减缓贫困。但班纳吉等（Banerjee et al.，2015）对印度小微金融机构斯潘达纳进行了为期三年的动态跟踪调查后发现，只有38%的低收入者选择向斯潘达纳借款。对于农户融资困难的原因，霍夫和斯蒂格利兹（Hoff & Stiglitz，1990）认为农户融资困难的主要原因是农村金融机构与农户存在较严重的信息不对称，信息不对称的存在会引起逆向选择风险和道德风险问题，导致农户信贷风险较高，农村金融机构不愿放贷。斯蒂格利兹和韦斯（Stiglitz & Weiss, 1981）的研究结果也认为是农村地区的信息不对称导致发展中国家的农户面临信贷约束；并认为如果信息是对称的，农村金融机构可以了解农户的类型，并针对不同类型农户索取不同的利率，在这种情况下，农户就不会面临融资约束。对于农村融资难题，除了信息不对称外这一因素外，拉文（Laeven, 2013）认为银行股权结构不合理亦是其中因素之一，其在研究中发现：银行资金来源主要为吸收存款，银行的资产负债率远远高于公司，在此情况下，一旦发生危机，银行风险将主要由储户而不是股东来承担，具有严重的外部性，这导致银行很可能倾向于承担更大风险，代理问题更加严重。与此同时，代理问题的加重又会影响农村金融市场的健康发展。秦等（Qin et al., 2014）的研究则认为货币政策亦会对非正规借贷利率和非正规金融市场产生影响。

2.2.1.2 农村信贷市场信息不对称的缓解措施

在信息不对称短期内难以有效解决的情况下，如何来缓解农村信贷市场上的信息不对称，防范信息不对称引起的信贷风险，让有资金需求农户顺利实现融资亦成为学界重点关注的问题。针对这一问题，当前学界主要形成了以下几种观点：一是通过设置抵押品来防范信息不对称带来的信贷风险。例如，巴罗（Barro, 1976）认为抵押品可以降低借款者违约的概率。陈和乔治（Chan & George, 1985）的研究认为，在理性预期信号传递环境中，抵押品可以充当一种间接的信号源，并向贷款者传递借款者的相关信息，因此，通过设置抵押品能够迫使借款者披露真实信息。霍姆斯特姆和蒂罗尔（Holmstrom & Tirole, 1997）、蒂罗尔（Tirole, 2006）认为任何融资活动都面临着信息不对称以及由此引起的违约风险，并认为要解决这一问题就要依赖于抵押品。二是通过贷后管理来防范信息不对称带来的信贷风险。霍姆斯特姆（Holmstrom, 1979）认为通过加强贷后监督，有利于缩小贷款者和借款者之间的信息差距，从而克服信息不对称带来的道德风险问题。三是通过社会资本来防范信息不对称带来的信贷风险。斯蒂格利兹和韦斯（Stiglitz & Weiss, 1999）则认为由血缘、亲缘和地缘关系发展而成的社会资本，能够对有形物质资本的形成起重要作用，一定程度上可以替代物质抵押品，从而缓解信息不对称。亚当斯和菲切特（Adams & Fitchett，1992）针对非正规金融的研究也得出了类似的结论，认为放贷者利用个体的社会关系和社会网络能够在一定程度上解决信息差异，保障信贷合同的可执行性，并为缺乏抵押资产的农户等提供金融服务。鲍尔托利等（Bartoli et al.，2013）结合意大利2007～2009年宏观季度数据的分析结果显示，互助金融模式是传统抵押金融模式的重要补充，互助金融能够降低银行系统风险。持这种观点的还有哈桑（Hassan，2002）、阿西夫·道拉（Asif Dowla，2006）、巴斯特和莱尔（Bastelaer & Leathers，2006）。

2.2.1.3 家庭资产对农户信贷行为的作用状况

关于家庭资产对农户信贷行为影响的研究，费德尔（Feder，1988）以泰国为例进行的经验研究结果显示，农地抵押制度改革能够提高农户信贷可获得性，也即农地对农户信贷行为有正向影响。与费德尔的研究结果相似，洛佩兹（Lopez，1997）以洪都拉斯为例展开的研究同样认为，农地产权和抵押制度改革对农户信贷可得性具有正效应。巴勒姆等（Barham et al.，1996）和穆辛斯基（Mushinski，1999）的研究则从反面论证了这一观点，认为资产水平较低的家庭普遍面临正规信贷配给。莫希尔丁和赖特（Mohieldin & Wright，2000）对埃及的经验研究表明，家庭土地面积和家庭其他资产数量分别是造成农户正规信贷约束和非正规信贷约束的重要因素。阿蒂诺（Atieno，2001）的经验分析结果显示，拥有资产的数量显著地影响了农户参与信贷市场的程度。戴宁格尔（Deininger，2003）认为，同等条件下，清晰的地权促使农村金融机构更愿意接受土地作为抵押品。卡特和奥利托（Cater & Olinto，2003）以巴拉圭为例展开的研究得出了不一样的结论，其认为农地产权制度改革对农户信贷可获得性的促进作用具有显著的异质性，也即农地对农户信贷可获得性的影响因农户资产等级、信贷交易成本和农地规模等因素的不同而存在差异。布歇等（Boucher et al.，2005）以洪都拉斯和尼加拉瓜为例展开的研究得出了相反的结论，其通过对20世纪90年代的农地自由化改革前后农户信贷可获得性的对比发现，大多数农户的信贷获取能力在农地自由化改革后并未得到显著提高。保尔森等（Paulson et al.，2006）认为，财富对农户信贷能力的影响与其面临的信贷约束类型有关，如果农户面临的信贷约束主要为有限责任约束，那么财富越多农户的信贷能力就越强；反之，如果农民面临的信贷约束主要为道德风险，财富越多农户的信贷能力反而越弱。新近研究中，布歇等（Boucher et al.，2008）在对秘鲁、洪都拉斯、尼加拉瓜等拉美地区国家进行研究时发现，农户存在自我风险配给行为，也即当面临丧失抵押品的风险时，农户自身便会实施信贷配给并从农村信贷市场上主动退出。杜（Du，2012）的研究认为，抵押贷款困难是限制农村金融发展的重要因素，也即农户家庭资产在信贷市场上发挥的作用欠佳。特维等（Turvey et al.，2014）以山东省为例展开的研究发现，农民借款人能够较容易的从非正式金融机构借款，而借款人的还款能力是农民资金互助合作社第一考虑的借款条件；同时，研究还发现，农民资金互助合作社对团体担保具有较强的风险意识，承认土地承包经营权作为抵押物的有效性能够促进农民资金互助合作社稳健发展。此外，宋等（Song et al.，2012）的研究发现，农民无论采用哪种就业模式，劳动力从农村向城镇部门转移总能提高农民的福利水平。陈等（Chen et al.，2014）也认为中国农村劳动力转移将持续至2050年，城市化率达75%以后，农村耕地利用将保持稳定水平。伴随着农村劳动力持续向城镇转移，农村单个农户经营的耕地面积会不断增大，土地承包经营权的抵押价值也必然会增大。

2.2.2 国内的研究进展

相对于国外研究资料，国内学术界关于农户家庭资产价值向金融价值转化的文献更多，研究视角也更接近，研究内容也更具体。相关文献同样集中在三个领域：一是农村金融市场上农户融资问题研究；二是家庭资产对农户信贷影响效果研究；三是影响农户家庭资产抵押的因素研究；四是促进农户家庭资产抵押的对策研究。

2.2.2.1 农村金融市场上农户融资问题研究

农户融资问题关乎农村经济的持续健康发展，伴随着农村市场经济体制的不断改革，农村经济发展对资金的需求也越来越旺盛，农户融资问题也逐渐成为学界重点关注的问题。何安耐和胡必亮（2000）以及周小斌等（2004）的研究结果显示，农户面临着融资困境，实际发生借贷行为的农户只占被调查农户的一小部分。熊学萍等（2007）以湖北省天门市为样本区域的研究发现，农户的信用意识十分强烈，但金融参与意识较弱，信用表现不容乐观，对现行的融资制度缺乏认知和利用的兴趣。李锐和朱喜（2007）利用3000个农户的微观数据展开的研究发现，在中国农村金融市场上，农户金融抑制的程度为70.92%。王冀宁和赵顺龙（2007）的调查结果显示，在样本农户中，只有8.94%的农户获得过贷款，占比较低。程郁等（2009）的研究发现，近些年，伴随着中国农村金融体制的不断深化改革，农户融资状况获得了较大程度改善，但当前农户面临的信贷约束程度依然很高，在所有样本农户中，受到正规信贷约束的农户占比为34%，若只考虑有信贷需求的农户，这一比重则高达45%。徐少君和金雪军（2009）在对浙江省农户进行实地调查的基础上发现，有相当比例的农户处于金融排除状态。王定祥等（2011）针对1156户暂时性贫困型农户的研究发现，绝大多数贫困型农户都有资金需求，但实际获得融资的贫困型农户占比不高，从正规金融机构申请到贷款的农户数量更少，贫困型农户金融需求满足率极低。

2.2.2.2 家庭资产对农户信贷影响效果研究

关于农户家庭资产与农户信贷行为之间的关系，颜志杰等（2005）通过对2001年全国范围内农户抽样调查数据的分析显示，耕地面积、房屋价值、耐用消费品价值等因素显著影响农户正规贷款的可获性，其中耕地面积、房屋价值等还是影响农户获得正规贷款规模的重要因素；冯旭芳（2007）以世界银行某贫困项目监测区为例进行的研究发现，农户耕地面积、年末住房价值、年末生产性固定资产原值和年末金融资产价值等因素是影响农户获得借贷支持的决定性因素。熊学萍等（2007）的实证研究表明：耕地面积越大，农户获取外源性融资的需求就越大。黎翠梅和陈巧玲（2007）基于湖南省华容县和安乡县农户借贷行为的调查分析结果显示，耕地面积、农业生产收入等因素对农户借贷行为影响较为显著。何明生和帅旭（2008）以四川省巴中为例展开的研究发现，耕地面积对农户贷款可得性有正向影响，房产和房产以外实物资产的影响不明显，家庭存款对农户贷款可得性则有负向影响。周宗安（2010）以山东省为例进行的调查结果表明，家庭资产总值是影响农户产生信贷需求的重要因素。丁志国等（2011）基于吉林省804户样本农户调查数据的研究发现，人均土地面积和人均住房面积越大，农户获得贷款的概率越高。王修华和谭开通（2012）的研究认为生产性固定资产越多农户的借贷需求越旺盛。易小兰（2012）对江苏、河南、甘肃三省农户调查数据的实证分析发现，生产性固定资产对农户正规贷款可获性有正向影响，房产、耐用消费品、经营土地面积对农户正规贷款可获性有负向影响，但没有通过检验。梁爽等（2014）对农户融资能力的研究结果显示，财富与社会资本对农户的融资能力以及非正规渠道融资能力均有显著影响，但对农户正规渠道融资能力有显著影响的只有初始财富。

2.2.2.3 影响农户家庭资产金融价值开发的因素研究

对于农户家庭资产金融价值开发问题，近些年才逐渐成为学界关注的焦点问题，因此，相关文献也以近几年的为主。王平等（2010）的研究认为法律障碍、土地产权不清晰、农村社会保障滞后、土地评估不完善等因素制约着农地抵押的发展。孟全省等（2010）对农户参与林权抵押贷款意愿的影响因素进行了回归分析，发现农户的风险偏好、文化程度、贷款投资项目、政府支持力度、林区交通情况是影响农户参与林权抵押贷款的重要因素。肖轶等（2012）的计量分析结果表明，户主性别、户主是否有外出打工经历、家庭是否有贷款投资项目、家庭对投资风险的承受能力、农业收入占家庭总收入比例、是否已与企业签订购销合同、距离公路远近、距离县城远近等是影响农户参与农村"三权"抵押贷款的正向因素；户主年龄、是否有其他贷款需要偿还、非农就业人口占家庭总人口比重等是影响农户参与农村"三权"抵押贷款的负向因素。靳丰轩和张雷刚（2012）基于山东省枣庄市、临沂市和莱芜市的调查数据，对农户农地抵押融资方式选择行为的影响因素展开了分析，结果显示，现行禁止性法律和农村社会保障滞后对农户选择农地经营权抵押贷款具有制约作用，专业合作社的发展和农地流转体系的完善具有促进作用。易忠君（2013）的研究认为影响农户土地承包经营权抵押意愿的因素主要包括农户的收入水平、农户从事产业的类型、抵押中土地承包经营权流失的风险值。黄惠春（2014）以江苏省农村土地承包经营权抵押货款试点地区为例进行的研究发现，固定资产净值、是否种养大户、实际耕地面积、家中是否发生大事是影响农户担保贷款需求的重要因素；实际耕地面积、流入农地、工资性收入比例、农户的农地价格认知是影响农户农地抵押货款需求的重要因素。于丽红等（2014）的研究发现，在诸多因素中，家庭年收入、受教育程度、土地面积、对政策的认知、贷款利率对农户农地经营权抵押融资需求意愿具有正向促进作用，家庭人口数对需求意愿则有负向影响。王悦和霍学喜（2014）的研究认为，农房产权的特殊性、农户经营状况、现行法律和制度、金融机构自身建设是造成农房抵押贷款风险的四个主要因素。于丽红等（2015）利用微观数据对不同规模农户农地经营权抵押融资需求的影响因素进行了计量分析，结果显示，对小规模农户产生重要影响的因素主要包括家庭年收入、农业收入占比、供养比、贷款经历、贷款利率；对中等规模农户产生重要影响的因素主要包括资产价值、农业收入占比、供养比、贷款手续；对大规模农户产生重要影响的因素主要包括家庭年收入、贷款经历、社会关系、贷款手续。黄惠春和祁艳（2015）的研究结果表明，农地抵押贷款需求存在明显的地区差异，欠发达地区农地抵押贷款需求率高于发达地区，并认为兼业程度对发达地区农户农地抵押贷款需求具有显著的正向影响，农地面积对欠发达地区农户农地抵押贷款需求具有显著的正向影响。

2.2.2.4 促进农户家庭资产金融价值开发对策的研究

与影响农户家庭资产金融价值开发因素的研究一样，关于促进农户家庭资产金融价值开发对策的研究也以新近文献为主。具有代表性的有：万伟和郑小丽（2011）对农房抵押融资的障碍进行了研究，并从产权认证、流转平台、评估机制等方面提出了破解农房抵押贷款难的措施。金瓯（2012）的研究认为，要想推动农房抵押贷款，地方政府应利用财政资金成立风险基金，一要全额承担农房抵押贷款的政策损失，二要适当分担农村金融机构办理农房抵押贷款出现的坏账损失。肖轶等（2012）认为要推动三权抵押贷款要从以下几个方面着手，一是提高农户对农村"三权"抵押贷款政策的认知，二是建立"三权"抵押贷款风险补偿和监管机制，三是大力开展土地整理和加快农村公路建设。高圣平（2014）通过对农地金融化的法律问题进行研究认为，当前形势下，要推动农地金融化进程必须加快农地产权制度改革和农地流转制度改革。于丽红等（2014）认为，一是鼓励农户采取多种形式流转土地承包经营权，二是农村金融机构对客户进行分类并开发收入高、土地多的相对高端农户，三是完善农村社会保障体系，四是出台农地经营权抵押的相关法律，五是通过政策宣传提升农户对抵押政策的认知度。郭忠兴等（2014）认为应从以下几个方面推进土地承包经营权抵押贷款，分别为适度细分土地产权、放松土地经营权抵押的法律限制、培育农地市场、鼓励中介参与。

2.2.3　国内外研究述评

文献回顾发现，学界关于农村家庭资产价值向金融价值转化的相关研究众多，而且国内学者也开始意识到农村资产抵押对解决融资难题的重要性，并开始逐步展开深入研究，这些都为本书顺利开展研究奠定了基础并提供了大量可供借鉴的经验。但现有研究仍有以下不足：第一，国内外现有文献大都将农户家庭资产作为其中一个影响因素来解释其对农户信贷需求、信贷行为、信贷渠道等的影响，鲜有学者直接提出农户家庭资产价值向金融价值转化这一概念，并围绕其相关问题展开系统研究。第二，虽然国内部分学者的研究涉及农户家庭资产价值向金融价值转化，但大都针对农户众多资产中一种展开研究，未从整体上对农户家庭资产金融价值的开发进行研究。第三，现有对农户家庭资产抵押贷款的研究，多是从农户家庭资产抵押意愿这一视角展开的，对于农户家庭资产抵押行为、农户家庭资产抵押的现状及影响因素展开研究的非常少。基于此，本书在前人研究的基础上，以农村家庭资产抵押贷款实践走在全国前列的重庆市为样本区域，运用分层抽样和统计计量方法，就农户家庭资产价值向金融价值转化的机理、现状及问题、影响因素、破解对策等进行系统深入的研究，以便为中国农村金融制度改革提供必要的经验证据。

2.3 国际经验借鉴

本节着重对代表性发达国家农村家庭资产抵押贷款的制度、保障措施等进行梳理，以为推动我国农户家庭资产价值向金融价值转化提供可借鉴经验。

2.3.1 美国经验借鉴

美国拥有发达的农业，农业科技发达，农业生产效率高，其农产品出口份额占世界农产品出口总额的比重高达45%，这一系列成绩的取得离不开美国发达的农村金融市场。美国农村金融市场之所以发达，一方面，因为美国的农村金融市场拥有健全的金融组织体系，在这一组织体系中，商业金融机构是基础，农业合作信贷机构是主导，政府农贷机构是辅助（王定祥和李伶俐，2009）；另一方面，因为美国农村信贷市场上，资产抵押贷款运转良好，农场主资产价值能够实现向金融价值的转化，从而有效缓解农村金融机构与农场主之间的信息不对称程度。以下是美国农村推动农场主资产价值向金融价值转化的相关做法：

（1）资产种类视角。美国政府为了缓解农村信贷市场上的信息不对称，防范农业信贷风险，解决农业发展过程中的资金短缺问题，允许并积极鼓励农场主所拥有的各类资产进行抵押融资。经过多年发展，资产抵押贷款已成为农场主获取资金的主要方式，只有部分有长期业务往来的优质客户可以获得信誉贷款。归纳起来，美国农村信贷市场允许抵押的资产包括农场主固定资产、流动资产和权利资产。固定资产是农场主资产金融价值开发的主体，主要包括土地和住房，其中又以土地为主。流动资产主要包括家庭汽车等大件消费品，生产工具、生产设备等设备，牲畜、谷物等农产品。权利资产主要包括产权凭证、应收账款、票据、股权、专利、商标权等。

（2）金融机构视角。美国农村信贷市场上的可抵押资产之所以呈现多元化特征，除了美国政府实施的各项鼓励政策外，也离不开美国农村金融机构在信贷产品方面的创新。农业合作信贷机构中的联邦土地银行主要为各类农业生产活动提供中长期信贷资金融通服务，于是，其就专注于提供以农场主土地为第一抵押品的中长期贷款，并逐渐演变成为只从事农村土地抵押贷款业务的专业性银行，放贷数额为不超过农场主所提交的抵押物评估值的85%（于丽红，2015）。商业银行则主要专注于中短期的非不动产担保贷款领域，如流动资产抵押贷款和权利资产质押贷款。正是因为各类农村金融机构在信贷产品方面的积极创新以及分工协作，才促使美国农村资产金融价值潜力得到开发，并持续不断地为美国农村经济持续健康发展提供资金支持。

（3）法律保障视角。美国是一个产权制度健全的国家，这为农村资产价值向金融价值实现有效转化提供了保障。这种保障作用体现在三个方面：一是农村居民各类资产产权明晰，对农村土地、住房等固定资产颁发了所有权证明，这为农村资产价值向金融价值转化奠定了基础。二是法律对农村居民资产产权的保护力度较强；以土地为例，美国是典型的土地私有制国家，其中50%以上的土地归私人企业和个人所有（李竹转，2003）。在土地私有化的背景下，农场主的土地所有权受到法律的严格保护，并可以自由买卖和出租，强大的法律保护促使农场主私有土地的资产价值能够顺利地向金融价值转化。三是拥有健全的法律体系，为了促进农业信贷发展，美国颁布了一系列法律，这些法律对资产抵押的流程、条件等内容都做了具体规定，为农村资产价值向金融价值转化提供了强有力的保障，具有典型代表性的法律主要包括《农业信用法》《联邦农业抵押公司法》《紧急农业抵押贷款法》《联邦农业贷款法》（张笑寒，2007）。

（4）配套措施视角。农村资产价值向金融价值转化离不开各类配套措施的支撑。美国农业信贷市场上的配套措施相对健全，主要体现在以下几个方面：一是美国农村地区的土地、住房等资产评估市场以及流转市场较为健全，为农村资产金融价值的开发创造了有利条件。二是美国政府为防范和化解农村抵押贷款风险实施了一系列措施，如对于土地抵押贷款，为了防止因农产品市场下跌造成的土地价格下降、土地债券滞销、农业信贷资金周转困难，美国政府组建了复兴管理局和设立了联邦农业抵押公司，由联邦农业抵押公司负责购买联邦土地银行债券，协调农业信贷市场上的资金供需（张艺晟和曾福生，2015）。三是美国农村地区拥有发达的农业合作组织，有利于进一步降低农村资产抵押贷款风险。例如，在土地抵押贷款模式中，美国政府要求先由10位及以上具有贷款需求的农民组成联邦土地银行合作社，再由联邦土地银行合作社向联邦土地银行申请贷款，贷款成功后由土地银行合作社将贷款转交给农民，通过化零为整的方式来进一步降低土地抵押贷款风险，促进土地金融价值的开发。

2.3.2 日本经验借鉴

同中国一样，日本也是一个人多地少的国家，但日本却拥有发达的农业，这与其发达的农村金融密切相关。日本的农村金融系统包括农林中央金库、信用农业协同组合联合会（简称"信农联"）、农业协同组合（简称"农协"）。日本的农业信贷有两大特征：一是以信用贷款和担保贷款为主（2010年，日本全国贷款余额中，信用贷款和担保贷款占比分别达到44%和36%）；二是抵押贷款占据着重要地位（2010年占比为20%），并成为信用贷款和担保贷款的重要补充。抵押贷款对日本农业信贷市场的重要性还体现在其贷款对象大都为难以达到信用贷款和担保贷款门槛的农户，其中保障信用贷款、担保贷款的持续健康发展以及日本农业信贷市场的有效性方面发挥着非常重要的作用。日本在推动农户家庭资产价值向金融价值转化上具有以下特征：

（1）资产种类视角。日本政府允许农户进行贷款抵押的资产种类较多，既包括固定资产又包括流动资产和权利资产。固定资产主要包括农户所拥有的土地和林地，流动资产主要包括猪、牛等牲畜以及谷物、蔬菜等农产品，权利资产主要包括应收账款。农地和林地进行抵押时应遵循两个原则：一是进行抵押登记，并得到所在县农业委员会的批准；二是当农户出现贷款违约后，农村金融机构可以通过拍卖进行抵押资产处置，但由于日本对农地性质进行了严格规定，所以拍卖对象一般限定在当地从事农业生产的农户和法人。

（2）金融机构视角。农村金融机构注重信贷产品创新是日本农户家庭资产价值能够实现向金融价值有效转化的重要因素。一方面，对于不能获得信用贷款和担保贷款的农户，作为农业互助机构的农协利用自身对当地地价和农户情况比较了解的优势积极办理农地和林地抵押贷款，促进农地、林地等固定资产金融价值的开发，帮助融资困难农户顺利获取贷款。另一方面，对于缺乏可供担保固定资产的融资困难农户，农村金融机构还积极进行以流动资产为担保品的信贷产品创新，例如，伊予银行开展了以银杏和柚子为抵押品的贷款，福井银行和商工中金则向海带加工业者开展了以海带为抵押品的贷款，且最高贷款额度可以达到2.5亿日元（温信祥，2013）。

（3）配套措施视角。日本在推动农户家庭资产价值向金融价值转化的配套措施主要包括以下几种：第一，日本农业信贷市场上拥有可以对农户各类资产价值进行抵押评估的评估机构，使农村金融机构能够根据农户的资产价值设定贷款额度。第二，日本允许农地、林地等固定资产在市场上进行流转和拍卖，并对流转和拍卖的对象、程序等系列内容做了具体规定，避免了因农户违约后抵押资产处置权无法实现而影响农村金融机构开展资产抵押贷款的积极性。第三，日本政府根据本国实际情况制定了一整套翔实、可操作性强的风险方法与控制机制，使农户家庭资产抵押贷款的不良率长期维持在非常低的水平。第四，为了保护农户资产抵押贷款相关主体的合法利益，实现农户资产抵押贷款业务的持续健康发展，日本政府还制定了《农林中央金库法》《农业协同组合法》《临时利率调整法》等一系列法律文件，为农户资产抵押贷款业务的顺利开展提供了较强的法律保障（惠献波，2015）。

2.3.3 德国经验借鉴

德国的农业生产总值虽然只占其 GDP 的 2%，但其是世界上第四大农产品出口国。德国发达的农业自然离不开其发达的农业信贷市场以及健全的农村资产抵押制度。德国推动农村资产价值向金融价值转化的措施主要包括以下几点：

（1）资产种类视角。在德国农村信贷市场上，虽然允许抵押的资产种类众多，但核心资产为土地。德国是一个在推动农户土地资产金融价值开发方面具有优良历史传统的国家，也是世界上推行农地抵押融资最早的国家，其农村土地抵押融资制度起源于 19 世纪中后期，该制度主要以拥有土地所有权并从事农业生产的农民为服务对象。经过一个多世纪的不断发展完善，德国农村土地抵押融资制度成为目前推动农户家庭资产价值向金融价值转化的最佳典范，并为筹集农民生产活动所需资金、解决农业生产资金短缺、推动农村土地改革、促进农业发展作出了重要贡献。

（2）运行模式视角。德国的农地抵押具有明显的"自下而上"的特点（贾洪文等，2012）。在这一运行模式中，土地抵押信用合作社（简称"合作社"）是农地抵押融资系统的核心，也是基层组织。当农民需要贷款时，首先将自己拥有的农地所有权证抵押给土地抵押信用合作社从而成为其会员，并提交抵押贷款申请书，申请书的内容应包括贷款数额、贷款用途、贷款期限、抵押农地的位置和面积等；合作社收到抵押土地后，以各地区土地为联合担保品向上一级机构——联合合作银行申请土地抵押贷款，待联合合作银行同意贷款申请后，依据农地估价的一定比例核定借款数额，并将贷款发放至合作社，合作社再将贷款发放给农民。这一模式的最大特色是抵押土地债券化（尹涛，2014），也即联合合作银行以及土地抵押信用合作社所发放的贷款不是来自银行存款，而是土地抵押信用合作社通过以各地农户所提交的抵押土地为基本保证在资本市场上发行土地债券的方式来获取大量信贷资金。

（3）配套措施视角。德国农地抵押模式之所以运转良好，与其健全的配套措施密切相关。德国农地抵押的配套措施主要体现在以下几个方面：第一，德国拥有健全的农地所有权和农地抵押权法律。代表性的有《抵押权法令》《抵押权及破产令》《不动产物权的取得及物上负担的法律》，这些法律为德国农地抵押的健康运转提供了较强的法律保障。第二，政府对农地抵押融资的支持力度大。德国政府向土地抵押信用合作社授予了发行债券的权利，并担保还本付息，甚至还会直接利用财政资金购买土地债券（罗剑朝等，2015），这在很大程度上保证了农地抵押融资的资金来源充足、稳定。第三，拥有发达的基层合作组织。作为基层组织的土地抵押信用合作社数量众多是德国农地抵押融资模式取得成功的关键，目前，德国各类合作社数量累计超过5500家，合作社成员超过1800万人，农户覆盖率达到90%以上（刘兴亚，2014）。

|3|

农户家庭资产价值与金融价值
转化的理论框架*

要实现农户家庭资产价值向金融价值的转化,必须以科学的理论作指导。本章将在界定农户家庭资产价值向金融价值转化概念的基础上,分析农户家庭资产价值向金融价值转化的动力和路径、要素和环境,探究农户家庭资产价值与金融价值开发之间的关系,以此作为解决农户家庭资产价值向金融价值转化问题的逻辑起点和理论依据。

3.1 农户家庭资产金融价值转化的概念界定

农户家庭资产价值向金融价值转化是本书的核心研究对象,因此,合理的对其进行概念界定是本书顺利进行的基础。在现有的理论研究中,关于农户家庭资产价值向金融价值转化概念的研究基本上还处于空白领域,本节将对这一重要概念进行详细的论述。

* 本章第 3.1 节和第 3.4 节部分内容已被《中国农村经济》采用,第 3.2 节部分内容已被《农村经济》2016 年第 4 期采用,特别感谢《中国农村经济》和《农村经济》编辑与审稿人提出的宝贵修改意见和有益评论。

3.1.1 资产的相关概念辨析

3.1.1.1 资产、财产、资本的概念界定

资产、财产、资本是研究经济学问题时容易混淆的概念，弄清三个概念的内涵以及资产与财产、资本的区别对后续研究有重要意义。

（1）资产的概念。资产的概念多来自会计行业准则及政府或行业组织制定的其他文件，目前，具有典型代表性的定义有如下几种。格林沃尔德在《现代经济词典》中将资产定义为："由企业或个人拥有并具有价值的有形的财产或无形的权利。资产之所以对物主有用，或者是由于它是未来事业的源泉，或者是由于它可以用于取得未来的经济利益。"[①] 1985 年，美国财务会计准则委员会（FASB）对资产的定义是："资产是可能的未来经济收益，它是特定个体从已经发生的交易或事项中取得或加以控制的"。1993 年我国颁布的《企业会计准则》对资产进行了如下定义："是企业拥有或者控制的，能以货币计量的经济资源，包括各种财产、债权和其他权利"。2006 年，我国的《企业会计准则——基本准则》将资产定义为："企业过去的交易或者事项形成的、由企业拥有或者控制的、预期会给企业带来经济利益的资源"。学界中，李雪松（2006）将资产定义为："具有明确所有权、且在一定的经济、技术和社会条件下能够给资产所有者带来经济效益的稀缺性资源"。该研究认为资产应具备三个基本特征：第一，能够产生经济效益。能够产生经济效益是资源成为资产的基础，也是资产所有者努力获取资源的根本目的，因此，不能产生经济效益的资源也就不能视为资产。第二，所有权清晰。公用品不能称为资产，因为其产生的经济效益无人控制，因此，资源要成为资产必须有一个明确的主体，也即产权归属要明确。第三，具有稀缺性。稀缺性是资产的另一基本特征，如果某种资源是取之不尽、用之不竭的，每个人

---

① D. 格林沃尔德：《现代经济词典》，商务印书馆 1983 年版，第 25 页。

都可以不用付出任何代价就能够享用这一资源带来的效益，人们就无须为了获取这一资源而付出代价，也就没有对这一资源进行产权界定的必要，其也就无所谓资产。

（2）财产的概念。财产包括权利意义上的财产和客体意义上的财产。权利意义上的财产代表一定主体的权利利益，客体意义上的财产即指作为民事权利指向的对象（林旭霞，2006）。对于权利意义上的财产：考特和尤伦（1996）认为财产是一组权利，这组权利描述了一个人对其所有的资源可能占有、使用、转让、馈赠或阻止他人侵犯。李宣琛（1977）认为财产是具有经济价值且依一定目的结合在一起的权利义务的总体。对于客体意义上的财产：狭义上的财产主要是指有体物，广义上的财产既包括有体物，又包括专指特定财产权利的无体物。李芳（2008）在总结前人的基础上，将财产定义为具有稀缺性、被人拥有或者控制的、能够满足人的需要、独立或相对独立于主体的各种资源的总和，并认为财产不等于财产权，其不是法律关系的内容，而是法律关系的客体。

（3）资本的概念。"资本"是经济学中最基本的范畴之一，截止到目前对"资本"进行概念界定的经济学家众多，但目前在学术界仍然没能形成一个统一的概念。从语义上讲，"资本"（capital）一词来源于拉丁文中的"capitalis"，该词在英文中的意思为对动物的买卖及占有。最早对资本进行定义的是1687出版的《凯奇·德佛雷斯词典》，认为资本是能够产生利息的"本钱"，是能够给其所有者带来福利的财物。马克思认为资本是"一定的、社会的、属于一定历史社会形态的生产关系，它体现在一个物上，并赋予这个物以特有的社会性质"[1]；马克思明确指出："资本也是一种社会生产。这是资产阶级的生产关系，是资产阶级社会的生产关系"[2]。与此同时，马克思还认为，资本不是物，它是在一定的社会条件下产生的，是一定的社会历史关系。西方经济学家中，亚当·斯密在《国民财富的性质和原因的研究》中

---

[1] 《马克思恩格斯全集》第25卷，人民出版社1975年版，第920页。
[2] 《马克思恩格斯全集》第1卷，人民出版社1972年版，第363页。

将资本定义为为了获取收益而投入进行并用来继续生产的财产①。英国古典政治经济学的主要代表人李嘉图将资本直接等同于生产资料，认为猎人手中的猎具也是资本。② 新古典经济学的奠基人马歇尔认为："……凡能产生在平常谈话中算作收入的那种收入，以及属于公有的类似的东西，如政府工厂等，从社会观点来看，都算作资本的一部分……包括为营业目的所持有的一切东西在内"③。庞巴维克认为，资本是迂回在生产过程各阶段及其方法的产物。④保罗·萨缪尔森（2008）认为，资本或资本品既是一种投入又是一种产出，它们在进一步生产过程中被作为生产资料投入进去，主要包括那些生产出来的耐用品。国内具有代表性的学者刘伟（1994）认为所有可能的实物、生产过程中人的投入以及非实物形态的投入都可视为资本。

3.1.1.2 资产与财产、资本的区别

（1）资产与财产的区别。根据学界对资产和财产的定义可知，资产和财产均可以表示产权归属明确，能够为其所有人带来经济效益的稀缺性资源，也即资产和财产在内涵上大体相同，因此，一般情况下资产和财产的概念可以相互替换使用。但从资产评估的视角来看，两个概念在法律属性上有所区别。财产更强调其法律形式，财产的核心是所有权，只有满足所有权要件，才能成为个人或企业的财产。而资产是指一切具有交换价值或商业价值的各类财产和权利，不管法律上是否符合所有权的要件，只要由主体拥有或控制，其就可以成为个人或企业的资产。也即财产是以所有权为核心界定依据，资产是以控制权为核心界定依据。而现实中在对资产进行评估时是以控制权为依据，因此，在进行资产评估时一般使用"资产"概念（刘玉平，2007），例如，《国际评估准则》在进行细则制定时使用的就是"资产"概念。美国著名学者康芒斯曾提出："财产的经济意义就是资产，而资产的法律意义就

① 亚当·斯密：《国民财富的性质和原因的研究》（上卷），商务印书馆 1972 年版，第 254 页。
② 李嘉图：《政治经济学及赋税原理》，人民出版社 1972 年版，第 17～18 页。
③ 马歇尔：《经济学原理》（上册），商务印书馆 1979 年版，第 98 页。
④ 庞巴维克：《资本实证论》，商务印书馆 1983 年版，第 58 页。

是财产"。即资产多用于经济领域，而财产多用于法律领域。由于农户家庭资产价值向金融价值的转化离不开资产评估这一环节，且本书所研究的问题属于经济领域，因此，本书亦采用"资产"概念。

（2）资产与资本的区别。资本和资产同时作为财富的存在形式，两者既有区别又有联系。资本和资产的区别之处：第一，资本代表的是所有者的动态财富，而资产代表的是所有者的静态财富。第二，在内涵上，资产的内涵要大于资本的内涵，两者具有包含关系，所有的资产并不一定都是资本，但所有的资本一定都是资产，资产只有在作为生产要素实现价值增殖的时候才能称为资本。第三，资本强调的是资产使用权和所有权的资本化，而资产强调的是经济属性，也即资源的价值。第四，两者的目的不同，资本的目的是追求利润，而资产并没有这一动机。与此同时，资本和资产又是相互联系的，资本是资产的价值形式，资产是资本的载体（刘志霞，2012）。

3.1.2　农户家庭资产的概念及种类

3.1.2.1　农户家庭的概念

学界对农户进行概念界定的学者众多。韩明谟（2001）认为农户指的就是农民家庭。卜范达和韩喜平（2003）认为农户是指生活在农村的，主要依靠家庭劳动力从事农业生产的，并且家庭拥有剩余控制权的、经济生活和家庭关系紧密结合的多功能的社会组织单位。胡建中（2003）认为农户家庭是指以家庭为基础，参加共同经济活动，有共同的预算约束，拥有剩余控制权和剩余索取权的最基本的经济组织。魏梦（2013）将农户界定为户口在农村，参加乡村集体经济组织，并且具有明确的权利、义务的家庭常住户。本书认为伴随着农村经济的不断发展，农户的内涵也在逐渐发生变化，农户所从事的生产活动也不仅仅局限在农业领域，生产组织形式也不再仅仅是小农生产方式，规模也不再全是小规模生产，农民也不一定是常年都居住在农村。基于上述这些变化以及前人对农户概念的界定，本书认为农户家庭是指户口在农村，以家庭为基础从事农业或非农产业生产活动，成员将收入作为共有收入，有共同的预算约束的最基本的农村经济组织。

3.1.2.2 农户家庭资产的概念

根据前文学者对资产概念的分析，本书认为农户家庭资产是指农户家庭拥有的，能以货币计量的，且在一定的经济、社会和技术条件下能够给农户带来经济效益的稀缺性资源，其包括有形的财产或无形的权利。根据这一概念可知，农户家庭资产应具有以下四方面的特征：第一，产权清晰。也即农户家庭资产的所有权必须清晰，必须是农户家庭共同拥有的或某个家庭成员拥有的。第二，能带来经济效益。是指在一定的经济、社会和技术条件下，通过对资产进行流转、出租、投资入股、抵（质）押等可以为农户带来经济效益。第三，能以货币计量。能以货币计量是通过流转、出租、投资入股、抵（质）押等多种方式对资产进行处置的前提，资产的经济效益功效才能顺利实现。第四，稀缺性。农户家庭资产必须是稀缺性资源，取之不尽、用之不竭的资源不需要付出代价即可获得，自然也无法为农户带来经济效益。

3.1.2.3 农户家庭资产的分类

对于农户家庭资产，根据不同的标准可以进行不同的分类。根据是否具备实物形态可将资产分为有形资产和无形资产，根据资产的使用和变现周期又可将有形资产分为固定资产和流动资产。

（1）固定资产。《企业所得税实施条例》第五十七条将固定资产定义为：企业为生产产品、提供劳务、出租或者经营管理而持有的、使用时间超过 12 个月的非货币性资产，包括房屋、建筑物、机器、机械、运输工具以及其他与生产经营活动有关的设备、器具、工具等。农户家庭的固定资产一般来源于三个渠道，一是由家庭成员共同劳动、共同创造，二是家庭成员继承或接受他人赠与，三是家庭成员个人创造但约定为家庭共有（肖立梅，2009）。固定资产一般与农户的生产或生活密切相关，因此，农户家庭固定资产价值的大小一般与其生产经营规模大小和收入相关。与城市企业相比，农户家庭的生产经营规模偏小，固定资产的种类较少、价值较低，但伴随着农村经济的不断发展，农户家庭固定资产的种类不断丰富，价值也在不断增大。概括起来，农户家庭的固定资产主要包括以下几种：第一，土地。农户家庭的土地资产主要包括耕地、宅基地、林地等，在我国的土地制度约束下，土地面积一般取决于家庭成员数量。资产产权方面，该类资产属于集体所有，农民只拥有使用权。此外，土地资产在农户家庭中具有普遍性，而且伴随着农村经济发展，单位面积的价值会逐渐增加。第二，房屋。房屋是农户家庭资产的重要构成部分，随着农民收入的不断提高，该类资产的价值增长明显，不仅体现在农村住房质量的改善，还体现在部分家庭在离原有住宅较近的城镇地区购买了住房，个别生产经营规模较大的农户还拥有生产厂房。第三，交通运输工具。价值较大的交通运输工具可分为两类，一类是供生产所用，主要是指各种类型的货车，另一类是供生活所用，主要是指家庭轿车和摩托车。第四，设施设备。设施设备包括农户在农业生产和非农业生产过程中投资形成的各类设施（如现代农业基地设施等）以及购买的各种设备（如大型收割机、各类农业产品和工业产品的生产设备等）。一般来讲，拥有较大价值设施设备的农户数量较少，但单个设施设备的价值较大，对于少部分拥有该类资产的农户家庭而言，设施设备的金融价值开发潜力依然较大。

（2）流动资产。流动资产是农户生产和生活必不可少的资产。所谓流动资产是指可以在一年或者超过一年的一个营业周期内变现或者运用的资产。当前，农户家庭所拥有的资产价值较高的流动资产主要包括：第一，金融资产。金融资产是农户家庭流动资产的构成核心。金融资产的种类较多，主要包括银行存款、应收账款、农产品订单、股权、股票、债券等，其中又以银行存款最为普遍。第二，存货。存货主要是指农户从事农业生产和非农业生产的成品和在产品，如农产品、畜产品等。以农业生产为例，虽然大部分农户的生产经营规模较小，农产品和畜产品的价值较低，但随着农业适度规模经营的发展和养殖业的产业化发展，部分专门从事种植业和养殖业农户的成品和在产品价值会越来越大。

（3）无形资产。无形资产是指由农户控制、不具有独立实体、在农户生产经营活动中能够长期持续发挥作用并能够为农户带来经济利益的非货币性经济资源（秦红松，2014）。理论上讲，农户家庭所拥有的无形资产主要包括三类：一是社会资本，也即农户声誉。二是果园经营权和收益权等权利。三是专利权、商标权、著作权等知识产权。

3.1.3 农户家庭资产金融价值转化的概念界定

3.1.3.1 概念界定

合理界定农村家庭资产价值向金融价值转化的概念是本书顺利开展的前提。目前，学界针对农村家庭资产价值向金融价值转化的概念直接进行界定的文献几乎处于空白状态，相关概念主要以农产品金融化为主，而且侧重于资本市场上的金融化。例如，翟雪玲等（2013）认为农产品金融化是指农产品成为资本市场上各种金融产品的挂钩商品，从以往单纯的消费属性向兼具金融属性和消费属性转变，其价格形成机制发生变化，不仅受自身供给和需求因素的影响，而且更多地受经济增长、货币政策等宏观经济因素的影响。相对于农产品金融化，农户家庭资产金融价值的内涵更为广泛，它不仅可以作为各种金融产品的挂钩商品而发挥出价值，还可以作为信贷抵押市场、租赁市场、产权交易市场等多种市场的标的而发挥出价值。概括起来，所谓农户家庭资产金融价值转化是指具备一定价值的资产通过成为信贷抵押市场、租赁市场、产权交易市场、资本市场等多种市场的标的而为农户生产和生活带来资金的行为和过程，也可称为农户家庭资产价值向金融价值转化、农户家庭资产金融价值开发，本书根据文章内容需要会在文中将这三个概念交替使用。在农户家庭资产金融价值转化过程中，农户可能需要出让资产所有权（如产权交易市场）或资产使用权（如租赁市场），亦可能既不出让所有权也不出让使用权（如信贷抵押市场）。

3.1.3.2　属性分析

政府支持下的市场行为。理论上讲，农户能否实现家庭资产金融价值转化、能在多大程度上实现家庭资产金融价值转化、哪些种类的资产能够实现金融价值转化，从根本上讲，一方面取决于交易方的需求，看其是否认可农户资产的价值、认可哪些种类的资产，另一方面取决于农户提供的资产的价值大小如何。如在信贷抵押过程中，资产能否实现金融价值转化要看农户所提供资产价值的大小能否有效覆盖所申请贷款额度对应的信贷风险，同不同意在出现信贷违约后抵押资产交由农村金融机构处置。因此，从本质上讲，农户家庭资产金融价值转化是交易双方在综合权衡自身利益的基础上按照市场原则进行交易的结果。然而，在农村土地、宅基地、房屋等农村资产的核心构成部分被长期禁止抵押的历史背景下以及农村产权制度不健全、资产抵押各项配套服务和设施不完善的现实约束下，农户家庭资产金融价值转化面临重重障碍。在我国以卖方为主的农村金融市场上，农村金融机构等经济主体的行为对农户家庭资产金融价值转化虽然具有决定性作用，但如果仅仅依靠农村金融机构等经济主体的力量，农户家庭资产金融价值转化难以顺利展开。农户家庭资产金融价值转化的顺利进行，必须依赖政府的大力支持。因此，在我国农村金融市场上，农户家庭资产金融价值转化属于政府支持下的市场行为。

3.2　农户家庭资产价值评估与资产金融价值变现

合理对具备一定价值的资产进行价值评估是农户家庭资产价值向金融价值转化的关键环节，动力因素是农户家庭资产价值向金融价值转化的催化剂。本节在重点分析农户家庭资产价值评估理论和农户家庭资产价值向金融价值转化的动力因素的基础上，进一步分析农户家庭资产价值向金融价值转化的路径。

3.2.1 农户家庭资产价值的发现与评估

3.2.1.1 农户家庭资产价值的发现

价值发现一词主要用于资本市场，一般是指对于证券、基金、股票等投资工具，采用各种不同的方法挖掘其未来某一时期能够被市场所认可的价值，抑或是通过调查、分析、研究等方式，找出该类投资工具未被当前市场价格反映出来的潜在价值。本书所研究的农户家庭资产的价值发现是指基于经济效益、生活效用等多种标准发现农户所拥有的众多资产中在当前或者未来某一时期具有一定交易价值的资产。与证券、基金、股票等投资工具以及企业资产不同，农户家庭资产价值的发现主要通过以下两个渠道：

第一，是否可以作为生产资料带来经济效益。作为生产资料参与到生产过程从而为资产所有者带来经济效益是资产体现自身价值的最主要途径，农户家庭资产也不例外。因此，判断农户家庭资产是否具有价值、价值有多大应首先看其经济效益，也即看其是否具备资本价值，当前能够为资产所有者带来多大的生产效益，这些生产效益的实现是否具备可持续性，目前的生产效益是否充分反映了资产的价值，资产价值是否还有进一步挖掘的空间。

第二，是否可以作为生活资料带来消费效用。除了经济效益外，消费效用是资产价值的另一重要表现方式。农户由于是集生产与生活于一体，因此，其家庭资产中用于生活消费的资产种类较多，资产价值占比也较大。对于主要用于满足农户生活消费的资产，应主要看其购买时的价格或者建造所需成本、目前已经使用的年限、未来可以继续使用的年限等信息，如主要用于满足日常生活使用的家庭轿车、房屋等。

3.2.1.2 农户家庭资产价值的评估

资产定价是金融学研究的重要领域之一，目前关于资产定价的方法众多，代表性的有以下几种：

（1）现金流贴现法。现金流贴现法是传统金融学中用于确定资产和企业价值的非常重要的定价方法。现金流贴现法的核心思想是任何资产的价值都是由其产生的未来现金流的现值所确定的，因此，通过估测资产的未来收益并按一定的贴现率进行折现可以计算出每期未来收益的现值，进一步将各期未来收益的现值加总后便得到资产的现值。该方法的优势是集中体现了资金的时间价值特性。其基本模型为：

$$V = \sum_{t=1}^{n} \frac{CF_t}{(1+r)^t} \tag{3.1}$$

式（3.1）中，V 表示资产的价格，t 表示时间，CF_t 表示 t 时期产生的现金流，r 表示贴现率，n 表示能产生现金流的最大期数，$n = 1$，2，3，$\cdots$，∞。在这一模型中，贴现率 r 是关键。在经济学理论中，贴现率 r 等于资金使用的机会成本，也即用于其他用途所能带来的最大收益率。在现代金融理论中，贴现率 r 等于无风险利率及风险补偿之和。无风险利率是指资金在无任何风险的情况下所能取得的收益率，现实生活中一般用短期国债利率代表。风险补偿则取决于资产收益率的波动大小，波动性越大，风险补偿也就越高（戴金平和李治，2003）。

（2）市场评估法。所谓市场评估法是指利用市场上相同资产或相近资产的近期交易价格，经过直接比较或类比分析以估测资产价值的评估方法。采用该方法应首先确认是否具有合理比较基础的相同资产或相近资产的交易作为参照对象。在进行对比分析时，资产价值亦会受交易时间、交易地点、交易条件等其他因素的影响。

（3）运用成本法。本书认为成本法又可分为两种，一种是利用重新购置或建造的成本，另一种是利用最初购置或建造的成本进行折旧。第一种成本法是指以在当前价格水平下重新购置或建造相同功能和用途的被评估资产的耗费来确定其价值（杨松堂，2007）。第二种成本法是指通过计算基于最初购买价格、使用寿命以及实际使用年限进行折旧后的剩余价值来确定其价值，对资产的折旧又可分为平均年限折旧法和非平均年限折旧法。平均年限折旧法的基本模型为：

$$V = \begin{cases} \dfrac{P}{n} \times (n - m) & (n \geqslant m) \\ 0 & (n < m) \end{cases} \qquad (3.2)$$

式（3.2）中，V 表示资产当前价值，P 表示资产购置时的价格，n 表示资产的使用寿命，m 表示资产的实际使用年限。

（4）生态地带法。所谓生态地带法是指综合气候条件、土壤条件、地理位置等对资产进行系统评价的方法，该方法主要适用于农村耕地、宅基地、房屋等固定资产。如根据不同的气候条件、土壤条件、地理位置可以对农村耕地划分为不同的等级，根据气候条件、地理位置等信息可以将农村宅基地和房屋划分为不同的等级。

（5）政府定价法。所谓政府定价法是指在政府给定参考价的基础上进行价值估算。与企业和城市居民的资产不同，农户家庭所拥有的资产并不是全部由购买所得，而是受益于其特殊的身份，如耕地和宅基地。对于该类资产，我国制度明确禁止产权交易，目前，虽然制度上正逐步放开对该类资产交易的限制，但由于市场上类似资产的交易案例较少，且价值受宏观政策等因素的影响较大，因此，使用上述方法难以进行价值估算。在此情况下，采用政府公布的参考交易价格更为有效。例如，重庆地票交易制度推出后，重庆市政府 2010 年规定农民退出宅基地每亩补偿至少 9.6 万元，且政府负责收购。

3.2.2 农户家庭资产价值向金融价值转化的动力分析

3.2.2.1 农户家庭资产价值向金融价值转化的必要性

伴随着城市化进程的不断加快，大量农村资产处于闲置状态，造成资源浪费非常严重，迫切要求通过推动农户家庭资产价值向金融价值转化来盘活闲置资产，使闲置资产发挥其应有价值。当前，农村家庭资产闲置的典型表现包括：第一，农村土地经营权闲置严重，也即大量农村耕地摞荒；第二，农村宅基地闲置严重，包括大量老房屋无人居住；第三，因农民进城等因素导致的大量新修房屋闲置严重；第四，农村荒山荒坡及林地闲置严重。在此情形下，就要求政府以及农村金融机构要出台相关政策，如明晰产权、制定资产流转规则等，通过变现、出租、投资入股等多种交易方式实现农户家庭资产价值向金融价值的转化，并以此盘活农村家庭闲置资产，使闲置资产发挥其应有价值，解决农村家庭资产闲置严重和农村经济发展资金短缺的双重难题。

城乡统筹发展目标的实现迫切要求解决农村地区融资难题，通过资金注入推动农村经济快速发展，缩小农村与城市经济发展的差距。新中国成立初期，为了配合赶超目标的实现，我国逐步建立起了城乡分割的二元体制（国务院发展研究中心农村部课题组，2014），这一制度选择拉开了城乡二元结构形成的帷幕并导致城乡差距不断扩大。改革开放以后，在利润最大化目标趋势下，更多农村资源流入回报率更高的城市地区，促使城乡经济发展差距进一步拉大。直到中共十六大以后，中央政府才真正从全局的角度正视城乡二元结构、系统破除城乡二元体制（韩俊等，2012），并采取了一系列重大措施。经过多年的努力，城乡差距扩大的趋势虽然得到扭转，但城乡差距依然是我国最大的差距，城乡二元结构依然是最大的结构性问题（温家宝，2012）。回顾我国城乡二元结构的形成和发展过程不难发现，导致城乡差距过大的直接原因是农村地区的资金流失过重。计划经济体制下，农村金融被强制性地服从于经济发展战略，成为国家控制下向工业和城市输送农村经济资源与剩余的管道（温涛等，2005），改革开放以后，伴随着国有金融体制改革和市场经济的不断发展，国有金融开始逐渐展露出其"嫌贫爱富"的本性，在基层大幅进行网点撤并、人员清退、决策权限上收（何广文等，2002），导致农村经济发展严重缺乏资金支持。当前是我国经济发展的重要转型时期，要实现我国经济的持续快速健康发展，就必须着手实现城乡统筹发展，激发农村经济增长潜力，而要实现农村经济的超常规发展，缩小城乡经济发展差距，就必须加大对农村经济的资金支持力度。在农村金融市场信息不对称短期内难以解决的情况下，客观要求各地必须加快实现农村家庭资产价值向金融价值的转化，通过农村家庭资产金融价值开发来破解农户融资难题。

"大众创业、万众创新"战略的顺利实施要求农村地区必须加大资产金融价值转化力度，通过资金支持激发广大农村地区创业活力。创新是发展的动力之源、富民之道、强国之策，在目前我国正处于经济转型关键期、阵痛期的背景下，为了推动经济结构调整、打造发展新引擎、增强发展新动力，国务院决定实施"大众创业、万众创新"战略，以实现稳增长、扩就业、国民经济中高速持续增长的目标。创业、创新固然需要知识分子等专业人才，但若没有包含近3亿农民工的广大农民群体的草根创业，"大众创业、万众创新"战略也难以有效实施。伴随着社会主义市场经济体制改革的不断深入，我国农民创业的市场、政策、信息和流通渠道日渐完善，农民创业意识和创业热情高涨，但我国农村既有的经济和金融发展水平无法满足农民创业的资金需求（严圣阳，2015），资金投入不足是未来阻碍农民创业的核心因素。因此，要保证"大众创业、万众创新"战略在农村地区的顺利实施，同样要求加大农村家庭资产金融价值转化力度，通过挖掘农户自身信贷潜力、提高农户信贷能力来应对农村金融市场上的信息不对称状况，并以此缓解农民创业过程中的资金约束程度，激发广大农村地区创业活力。

3.2.2.2 农户家庭资产价值向金融价值转化的可行性

宏观鼓励政策的出台为农村家庭资产金融价值转化提供了保障。长期以来，农村土地和房屋抵押在政策上是被禁止的，致使大量农村资产处于"沉睡"状态。在当前农村经济发展资金短缺严重的情况下，为了进一步加大对"三农"的金融支持力度，宁波市于2009年4月率先出台政策试水"两权一房"抵押贷款，随后，重庆等地也相继出台了农民产权抵押贷款系列政策。几年的实践经验表明，产权抵押贷款不仅能够有效缓解农村金融机构信贷风险，还能够帮助大量创业农户解决资金短缺难题。为了强化农民产权抵押贷款支持力度，中央政府也分别于2014年和2015年连续出台重要文件，2014年11月20日，中共中央办公厅、国务院办公厅印发的《关于引导农村土地经营权有序流转发展农业适度规模经营的意见》提出，农村集体土地将实行所有权、承包权、经营权"三权分置"，土地经营权可以进行抵押贷款，与此同时还提出，要用 5 年左右的时间基本完成土地承包经营权确权登记颁证工作，为土地抵押担保提供依据。2015 年 8 月，针对农村产权抵押融资，国务院又专门出台了《关于开展农村承包土地的经营权和农民住房财产权抵押贷款试点的指导意见》，该意见规定，要稳妥有序开展"两权"抵押贷款业务，有效盘活农村资源、资金、资产，增加农业生产中长期和规模化经营的资金投入。系列中央文件的出台也标志着，农村产权抵押融资开始由试点进入立法阶段，这都为农村家庭资产金融价值转化提供了重要政策保障。

农村家庭资产价值的初具规模为资产金融价值转化奠定了基础。长期以来，人们通常潜意识地认为我国农户都是小农家庭，资产价值比较低、不具备抵押价值，这一主观思想认识成为阻碍农村家庭资产金融价值开发的重要因素，也降低了农村金融机构开发农村家庭资产抵押贷款的积极性，致使农村家庭的资金需求长期得不到满足。经过改革开放 40 年的发展，我国广大农村区域已经积聚了种类繁多、规模巨大的各类资产，资产金融价值开发潜力巨大。根据 2012 年《中国家庭金融调查报告》的数据显示，若将土地、汽车等所有资产计算在内，2011 年农村户均资产价值就已达到 37.70 万元（中国家庭金融调查与研究中心，2012）。

3.2.3 农户家庭资产价值向金融价值转化的路径分析

根据前文对农户家庭资产金融价值的概念界定不难发现，农户家庭资产金融价值的内涵比较广泛，因此，现实中，农户家庭资产价值向金融价值转化的路径也比较多。归纳起来，主要包括：

（1）资产抵押。资产抵押路径是农户家庭资产价值向金融价值转化的核心路径。该路径中资产金融价值实现的原理是：拥有产权清晰且具备一定价值的资产的农户，通过将资产所有权暂时让渡给农村金融市场上的贷款人（主要指农村金融机构、民间借贷组织），并承诺在自己无法按时偿还借款的情况下，允许贷款人通过长期占有所有权或者拍卖的形式来补偿其借贷资金可能面临的损失，进而保障自身从贷款人手中获得生产或生活所需的流动资金。这一转化路径的核心优势是其可以在无须出让资产所有权和使用权的前提下实现，因此，该路径也理应作为推动农户家庭资产价值向金融价值转化的首选。

（2）资产变现。所谓资产变现路径是指拥有产权清晰且具备一定价值的资产的农户，通过在产权交易市场出让资产所有权来获取现金流，从而实现资产的金融价值。这一转化路径的不足是，一旦实现了金融价值转化，资产的所有权和使用权均要长期让渡给他人。对于尚需依赖某类资产从事生产和生活的农户来讲，通过资产变现来实现资产金融价值转化并不是一种好的选择。但对于资产长期处于闲置状态的农户，通过资产变现可以实现两方面的收益：一是可以增加其流动资金，提高扩大生产规模和改善生活质量的能力；二是可以盘活农村家庭闲置资产，避免农村家庭资产过度浪费，如农村土地撂荒问题、大量新修房屋闲置问题等。

（3）股权投资。股权投资路径是指农户将具备一定价值的资产的使用权作为资本投入到某一组织或项目中，并以此获得该组织或项目中的一定比例的股权，待项目实现收益后再以所占股权比例获得项目分红，从而实现资产的金融价值转化。股权投资路径的典型特征是农户可以在不出让资产所有权，甚至不需付出任何劳动和资金的情况下，仅通过暂时出让资产使用权即可获得资金收益。

（4）资产租赁。资产租赁路径是指农户将自己所拥有的具有一定价值的资产交与承租人（包括个人、公司、合作组织等）使用，但资产的所有权仍保留在农户手中，承租人通过租赁活动获得在一定时期内使用该资产的权利，但需为此向农户支付一定的费用（租金），从而实现资产价值向金融价值的转化。资产租赁路径的特征与股权投资路径的特征相同，也是农户可以在不出让资产所有权，甚至不需付出任何劳动和资金的情况下，仅通过暂时出让资产使用权即可获得资金收益。

（5）资产证券化。所谓资产证券化路径是指农户先将具有一定价值的自有资产抵押给农村金融机构，再由农村金融机构将众多农户的抵押贷款打包在一起并以这些抵押贷款未来的现金流为支撑在金融市场上发行证券获得资金，最后用发行证券获得的资金为农户发放贷款的过程。资产证券化路径也可认为是资产抵押路径的进一步延伸，其是一种更高级的融资形式，对资本市场的依赖性也更强。资产证券化对农户家庭资产价值向金融价值转化的作用主要体现在：第一，信贷资产证券化可以为农村金融机构募集更多信贷资金，解决其信贷资金不足的问题。第二，信贷资产证券化可以实现资产负债与久期的匹配，也即通过主动管理资产负债表来降低农村金融机构的流动性风险。第三，信贷资产证券化是改善农村金融机构资本充足率的一种可行途径，通过信贷资产证券化可以有效降低现有信贷资产对核心资本的占用率，缓解农村金融机构因信贷规模扩张过快所引起的资本补充压力，较低的资本压力又可为增加新的资产抵押贷款投放创造条件。上述三个方面均可提高农村金融机构办理农户资产抵押贷款的能力，从而推动更多的农户家庭资产实现资产价值向金融价值的转化。

虽然农户家庭资产价值向金融价值转化的路径很多，但本书后面的理论与实证部分主要以资产抵押价值转化路径为例展开分析。这是基于以下几方面的考虑：第一，资产抵押路径可以使农户在无须出让资产所有权和使用权的基础上实现资产价值向金融价值的转化，因此，无论是从农户角度还是从政府角度，都更倾向于通过这一路径来开发资产的金融价值。第二，资产抵押路径是通过包括正规信贷市场和民间信贷市场在内的农村信贷市场为农户筹集资金，相对于其他转化路径的资金来源，农村信贷市场上的资金规模更为庞大、资金供给能力远大于其他路径的资金供给主体，因此，与其他转化路径相比，资产抵押路径的市场空间更大，理应成为农户家庭资产价值向金融价值转化的核心路径。第三，对农户家庭资产价值向金融价值转化的研究需要做大量的实地调研，若对每一种资产金融价值转化路径都展开详细的分析和论述，需要大量的人力和财力做支撑，同时也会大幅增加研究篇幅，受人力、财力等的限制，后面的理论及实证部分本书选择针对农户家庭资产价值向金融价值转化的核心路径——资产抵押路径展开详细的论述和分析。第四，上述几种资产金融价值转化路径，虽然路径不同，但原理大都相通，在转化过程中所面临的问题、所依赖的要素与环境因素、所需要的配套服务大体相同，因此，针对资产抵押路径的实证分析足以准确反映农户家庭资产价值向金融价值转化的整体状况。

3.3 农户家庭资产价值向金融价值转化的要素与环境分析

农户家庭资产价值向金融价值转化虽然是交易双方根据各自所需自发进行的，但这一转化过程的完成是一项复杂的系统性工程，需要依赖各类要素的投入以及外在环境的支撑。

3.3.1 农户家庭资产价值向金融价值转化的属性分析

研究认为农户家庭资产价值向金融价值转化具有以下属性：

（1）经济属性。外部性的存在反映了人类社会的一个根深蒂固的矛盾，即个人理性和集体理性、个人最优与社会最优的不一致（盛洪，1995）。农户家庭资产金融价值转化的经济外部性包括正向经济外部性和负向经济外部性。正向经济外部性主要体现在：当前我国农业正处于由传统小农作业向适度规模化、产业化方向转型的关键阶段，农村产业正处于以单一农业为主向农业、工业、服务业协同发展的产业模式转型的重要时期，农村经济正处于缩小与城市经济发展差距的战略机遇期。然而，无论是农业和农村产业的转型还是城乡经济发展差距的缩小都需要大量的资金支持。在农户以及其他农村经济主体自有资本积累不足以及基层政府财政实力有限的情况下，支持农村经济发展的重任无疑将由农村金融来承担。当前形势下，推动农户家庭资产价值向金融价值转化能够大大缓解农村金融市场的信息不对称性程度，为农村经济发展注入大量流动资金，从而推动农村经济持续快速发展。负向经济外部性主要体现在：信息不对称是金融市场的典型特征，资产抵押是解决金融市场信息不对称最为重要的手段之一，无论是农村金融市场还是城市金融市场,这一定律都适用。相对于城市金融市场,农村金融市场的信息不对称程度更为严重,且农村信贷额度小、成本高、收益低。改革开放以来,伴随着金融市场的市场化改革以及农村金融机构的股份制改革,以利润最大化为经营目标的农村金融机构逐渐减少农村信贷业务,将大量资金投向收益更高、风险更小的城市信贷市场,造成农村地区资金流失严重,农村经济发展资金支持力度不足。在这一形势下,如果大量农户家庭资产价值无法实现向金融价值的顺利转化,农村金融市场上的信息不对称就难以得到有效缓解,这必将会促使农村金融机构进一步降低农村信贷业务比重,增加城市信贷市场资金投放力度,导致农村地区资金缺口更大。

(2)社会属性。在某一发展阶段,城乡非均衡性恰恰是实现城乡均衡发展的最终目标的动态最优路径,中国的城乡协调发展遵循的是一个基于动态效率和跨期公平的路径,第一阶段农业哺育工业、农村支持城市,第二阶段工业反哺农业、城市支持农村(冉光和等,2009)。中华人民共和国成立以来,我国城乡发展大部分时期处于第一阶段,这不仅很好地配合了国家赶超战略的顺利实现,还有力地推动了我国的工业化进程以及经济总量的快速增长,但长时期的城乡非均衡发展也导致了城乡居民收入差距的不断拉大,致使农村地区集聚了大量贫困人口。当前,我国的城乡发展虽然已经进入第二阶段,但城乡居民收入差距依然较大,城乡居民收入差距扩大的趋势并未得到根本扭转。长时期的贫富差距必然会促使大量农村贫困居民产生不公平感,而当这种不公平感积累成一种普遍存在、在某种条件下可能爆发巨大能量的社会积怨心理时,就可能会为引发社会动乱埋下巨大祸根(王伟中,2004)。农户家庭资产价值向金融价值转化不仅可以为农户带来大量流动资金,帮助农户进行扩大再生产,还可以因此为农村地区创造大量就业岗位,帮助大量农村富余劳动力实现就地就业,从而促进农村居民收入的超常规增长、城乡居民收入差距的不断缩小,推动城乡发展跨期公平的早日实现,减弱甚至消除大量农村贫困群体因贫富差距大而产生的心里不公平感,实现经济社会的稳定发展。

(3)弱势属性。农户家庭资产本身价值是资产金融价值转化能否成功的关键因素。相对于城市家庭资产，农户家庭资产价值向金融价值转化具有成本高、风险大、收益低的特征。

成本高体现在以下几点：一是流转成本高，农户家庭资产的投资价值一般比较小，其流转的目的一般是直接用于生产或消费，这在一定程度上就限定了资产流转的对象数量，再加上农户居住相对分散，买卖双方衔接的成本较高，致使农户家庭资产的流转成本较高；二是监管成本高，监管成本主要是针对资产抵押路径的资产金融价值转化提出的，在这一路径中抵押资产只是第二还款来源，农村金融机构为了保障自身资金安全，不仅需要确保抵押资产的完整性，还需对资金的使用情况以及所投资项目的经营状况进行监督，这些无疑都会使成本大幅增加；三是评估成本高，由于农户居住较分散，农村金融机构或资产评估机构在对农户家庭资产进行评估时需要支付较高的交通费用和时间成本。

风险大主要体现在：作为农户自然与农业脱离不了干系，农业自然风险较大的属性决定了农户家庭资产价值向金融价值转化也会面临较大的风险。这是因为农户资产金融价值转化中资产的功能可以概括为抵押、生产和生活三类。在抵押功能中，资产只是第一还款来源的补充，资产价值能否实现向金融价值的转化归根结底还是取决于第一还款来源，也即生产收益，因此，无论资产发挥抵押价值还是生产价值，资产金融价值转化都与农业相关。高成本和高风险也就注定了农户家庭资产价值向金融价值转化的低收益特征。

3.3.2 农户家庭资产价值向金融价值转化的要素分析

农户家庭资产价值向金融价值转化的要素主要包括以下几个方面：

3.3.2.1 转化主体要素

转化主体直接决定着农户家庭资产价值能否实现向金融价值的转化，因此是农户家庭资产金融价值转化的关键要素。虽然资产价值向金融价值转化主要是农户与农村金融机构等其他交易主体之间的市场行为，但这一市场行为的顺利进行离不开政府的大力支持。以资产抵押价值的转化为例，在农户家庭资产金融价值转化的过程中，农村金融机构和政府应发挥主导作用。图3.1为农户家庭资产金融价值转化的主体责任及收益图。具体来讲，农村金融机构应主要从创新信贷产品、健全资产价值评估体系、完善资产抵押程序、提升资产抵押贷款服务能力、提高贷后监督质量、调动员工办理资产抵押贷款的积极性、缓解农村金融机构与农户之间的信息不对等方面着手；政府应做好服务和保障工作，具体包括明晰农村资产产权并通过颁发产权证予以确认、完善农村资产抵押和流转制度、成立农村资产登记部门、培育农村资产流转市场、制定农村金融机构利率和税收优惠政策、设立农村资产抵押贷款风险防范基金等。农户的任务则是提供具有足够价值的资产以及家庭收入状况、贷款用途、生产经营状况等相关信息。

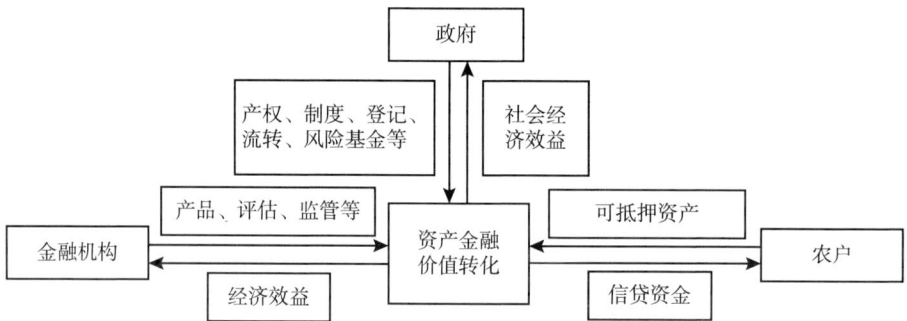

图3.1 农户家庭资产金融价值转化的主体责任及收益

与此同时，农户家庭资产金融价值转化对各类主体也具有重大现实价值。对农村金融机构的价值体现在：第一，迫使农户传递真实信息，降低农村金融机构与农户之间的信息不对称程度。第二，增加农户的信贷违约成本，降低农户的主动违约概率，从而减少农村金融机构不良资产规模。第三，为农户贷款提供了第二还款来源，在农户出现信贷违约的情况下，农村金融机构能够通过抵押资产处置挽回全部或部分信贷损失。也即，农村家庭资产金融价值开发有利于解决农村金融机构"难贷款"的问题，从而促使其实现经济效益最大化。对农户的价值体现在：农村家庭资产金融价值开发对农户具有增信的作用，使农户更容易达到农村金融机构的信贷门槛，从而解决农户"贷款难"的问题。这一方面有利于增加农户资金流动性，缓解当期消费资金约束，实现跨期消费的效用最大化；另一方面有利于增加农户生产资金投入，促使生产经营规模的扩大。对政府的价值体现在：首先，能够为农村经济发展注入更多资金，从而推动农村经济发展，增加政府财政收入，实现政府的经济效益最大化；其次，农村家庭资产金融价值开发推动下的农村经济繁荣，有利于提高农村居民的收入水平，减少农村贫困人口数量，增加农村居民社会福利，缩小城乡经济社会发展差距，从而促进社会公平，实现政府的社会效益最大化。

3.3.2.2 配套服务要素

配套服务是农户家庭资产价值向金融价值转化的催化剂，如果说农村金融机构、政府等转化主体使农户家庭资产价值向金融价值转化成为可能，配套服务则可以促使这一市场行为更具普遍性、更具效率。当前形势下，农户家庭资产价值向金融价值转化的配套服务主要包括资产评估、资产登记、交易市场三类。

（1）资产评估。要实现资产价值向金融价值的转化，不仅需要确保资产具有一定的价值，还需明确资产价值的大小，只有明确了资产价值的大小才能准确计算出资产金融价值转化过程中需要向农户支付的资金数量。理论上讲，资产评估服务的提供既可以由农村金融机构等交易主体自行提供，亦可由专业的资产评估公司等第三方组织提供，但总结城市金融市场多年的发展经验可以得出，通过设立资产评估公司的形式更有利于实现资产评估的专业化及统一性。对于农村地区资产评估公司的成立可以采取政府出资组建以及市场经济主体根据市场需求自主组建相结合的形式。

（2）资产登记。资产登记不仅可以使资产所有者的权益更为明确，也可以促使这一权益得到更好的保障。尤其是在我国农村土地资产权利多元化，农民土地权利不清晰、保障性不足的现实背景下，加强进行农村资产的确权登记是促进农户家庭资产价值向金融价值转化的重要推动力。

（3）交易市场。交易市场同样是农户家庭资产价值向金融价值转化过程中不可或缺的要素之一。与城市人口的高密集度不同，农村地区人口非常分散，买卖双方一般相距甚远，难以直接对接，因此，无论是单项资产的交易还是多项资产的集体拍卖都要依赖统一的交易市场。

3.3.2.3 金融产品要素

金融产品要素主要是针对资产抵押路径而言的。资产抵押路径中，金融产品是衡量金融发展水平的重要指标，决定着一个地区农户家庭资产价值向金融价值转化的能力和效率。在农村信贷市场上，由于不同的农户家庭资产在流动性、价值变现难易程度、用途、参与生产和生活的方式等方面存在差异，决定了单一的金融产品难以有效覆盖所有资产。基于此，在推动农户家庭资产价值向金融价值转化的过程中，农村金融机构以及民间借贷组织应该根据不同资产的特点设计不同的金融产品，如基于土地未来升值空间较大、现金流稳定、且不可移动的特征，开发利率相对较低、周期相对较长的土地抵押贷款，帮助家庭农场、产业大户、龙头企业、农业合作社等土地经营面积较大而又缺乏生产资金的农业生产主体通过实现土地资产价值向金融价值的转化而获取生产所需资金。

3.3.2.4 人力资本要素

人力资本不同于人力资源，主要是强调对增长贡献重大的人力因素——包括知识、技术、信息、事业心和创新精神等一切具有乘数效应的经济资源总称。汪霞（2011）在谈到金融企业和金融人才的关系时提出，金融企业和金融人才是相辅相成的，金融人才的数量和质量直接决定了金融企业的竞争实力。对于农户家庭资产金融价值转化同样如此，人力资本是所有要素中最具能动性和创造力的要素，很大程度上决定着农户家庭资产价值向金融价值转化的质量。在农户家庭资产价值向金融价值转化的过程中，对人力资本的需求主要包括以下几种：第一，资产评估人才。农户家庭资产的种类是多元化的，不同种类的资产以及同一种类但不同地理位置、不同质量的资产的评估方法和标准会存在较大的差异，这就需要专业的资产评估人才来准确测算各类资产的价值。第二，信贷管理人才。该类人才主要针对资产抵押路径提出的。农户所从事项目不同于城市企业，其难以提供财务报表等"硬"信息，贷款后资金的使用情况也难以实施监控，因此，信贷人员只能通过深入的贷前调查以及科学分析来判断资产抵押贷款的风险，而要做到这一点就必须具备过硬的专业技术和知识。第三，产品创新人才。农户家庭资产价值向金融价值的顺利转化离不开持续的金融产品创新，而要实现这一点就必须引入大量的产品创新人才。第四，法律人才。农户的法律知识和意识一般都比较欠缺，在资产金融价值转化过程中，难免会出现法律纠纷，通过培养法律人才一方面可以减少法律纠纷的发生，另一方面可以保证出现的法律纠纷能够得到妥善解决。

3.3.3　农户家庭资产价值向金融价值转化的环境分析

除了上述分析的各种要素之外，农户家庭资产价值向金融价值的转化还依赖外在环境的支撑。

（1）经济环境。农户家庭资产价值向金融价值转化的目的就是通过开发农户资产的金融价值来解决农民的融资难题，从而推动农村经济发展，与此同时，这一转化过程也会受到宏观经济的影响。一方面，只有当宏观经济形势向好的时候才会刺激更大的资金需求，农户家庭资产价值向金融价值转化的动力才更强，推动这一转化过程才有必要；另一方面，只有经济形势持续向好，农民收入水平才会不断提高，农户家庭资产的价值才会不断增加，农户资产价值才更有可能实现向金融价值的转化。反过来，在宏观经济形势不好、经济发展较差的环境下，不仅会降低农民对资金的需求量、延缓农户家庭资产积累的进度，还会降低资产的转化价值并带来大量的信用违约事件，导致包括农村金融机构在内的资金供给主体对农户家庭资产的认可度降低，不愿甚至拒绝接受，造成农户家庭资产价值向金融价值转化困难。

（2）制度环境。制度是指人们在长期交往中自发形成并被人们无意识接受的行为规范。农户家庭资产价值向金融价值转化的过程本身就存在一定的不确定性，因此，需要良好的制度环境予以约束。概括起来，农户家庭资产金融价值的顺利转化所依赖的制度环境主要包括：第一，资产产权制度。农户家庭资产价值向金融价值转化的过程涉及资产所有权或使用权的永久或暂时性出让，这就要求参与价值转化的资产必须是产权清晰的资产。一项健全的产权制度必须能够做到以下两点：一是农户所有具有一定价值的资产都能够得到法律的确认；二是所有资产的所有权及相关权利的归属明确、清晰，权利归属明确又包括权利主体明确和权利内容明确。第二，资产流转制度。农户家庭资产价值向金融价值的转化依赖于资产在不同经济主体之间的流转。基于此，资产流转制度应根据不同资产的特征就资产流转的对象、流程等内容作出详细规定。

（3）信用环境。金融的本质是资金融通，其正常运转有赖于良好的社会信用。在一个良好的信用环境中，人们能够认识到信用的价值，能够自觉地去维护自己的信用，违约行为也就较少发生，资金融通也就能够健康运转。农户家庭资产价值向金融价值转化是一种金融行为，同时也是一种信用行为，自然也要受到信用环境的约束。以资产抵押路径的价值转化为例，农户从农村金融机构获取信贷的同时虽然将自身资产的所有权暂时让渡给农村金融机构以作为信贷违约后的损失补偿，但这依旧只能作为第二还款来源，农村金融机构更为看重的仍然是第一还款来源，也即农户的项目经营所得。这一方面因为通过抵押权处置来弥补信贷损失会大幅增加农村金融机构的信贷成本，另一方面因为大范围违约事件的发生会大幅降低抵押资产的价值，使抵押资产的风险防范功能变小。因此，农户家庭资产价值向金融价值的转化同样需要一个良好的信用环境。

（4）政策环境。与城市金融市场上的单个资产价值较大、资产的流动性较强相比，农村地区的资产流动性相对较弱，单个资产的价值也相对较小。相对较小的资产价值及较弱的资产流动性意味着在实现农户家庭资产价值向金融价值转化的过程中将会面临比城市地区更大的阻力，而且这些阻力仅仅依靠市场难以全部化解。此时，要想推动农户家庭资产价值向金融价值的顺利转化，政府就必须营造一个良好的政策环境，并通过一系列优惠政策的实施使各类经济主体能够在农户家庭资产价值向金融价值转化的过程中获益。此外，农户家庭资产价值向金融价值的转化还具有明显的外部性特征，通过资产金融价值的转化不仅可以促进农村经济的发展，也可以提高农村居民以及大量农村贫困群体的收入水平，有利于缩小城乡居民收入差距以及贫困群体与富裕群体之间的收入差距，从而缓解社会不公平现象，推动经济社会向着更加公平合理的方向发展。作为服务型政府，其重要职能之一就是通过社会资源以及财政收入的再分配来缩小城乡差距、区域差距以及贫富差距，促进社会公平和稳定发展，从这一角度来讲，政府也理应为农户家庭资产价值向金融价值的转化营造良好的政策环境，如对参与农户家庭资产金融价值转化的农村金融机构及其他经济主体实施财政补贴、税收优惠等政策。

3.4 农户家庭资产价值与金融价值转化机理：基于数理模型的分析

要推动农户家庭资产价值向金融价值的转化，不仅需要从理论上厘清农户家庭资产价值向金融价值转化的概念、动力、路径以及价值转化所需要的要素投入和依赖的外在环境，还需明晰农户家庭资产价值与金融价值转化之间的关系。基于此，本节将采取文字表述及数理分析相结合的方式以农户家庭资产金融价值转化的核心路径——资产抵押为例就农户家庭资产价值与金融价值转化机理进行详细论述。

3.4.1 农户家庭资产对资产金融价值转化的影响

资产抵押路径的农户家庭资产金融价值转化也即通过资产抵押成功获得贷款的过程。因此，农户家庭资产对资产金融价值转化的影响就可视为农户家庭资产对抵押贷款获得性的影响，资产金融价值转化即可视为抵押贷款获得。

3.4.1.1 农村金融市场有效性：市场失灵

为了分析农户家庭资产对资产金融价值转化的影响，本节首先对没有抵押资产参与的农村金融市场有效性进行分析。本书借鉴巴德汉和尤迪（2002），张杰（2007），王定祥（2011）的模型，以农村金融机构收益最大化为目标函数，以借款人和贷款人的参与为约束条件，构造简单的数学规模模型，但上述模型在分析农村金融市场有效性时均忽视了社会约束和再贷款机会两大因素，本书认为在基于地缘、血缘、亲缘关系的农村熟人社会结构中，熟人网络会对农户信用行为产生一定的约束作用，农村金融机构的再贷款机会同样会对农户还款产生激励作用，农户为了维护自身在熟人社会结构中和农村金融机构的良好信誉依然会尽力还款。

假设农村金融机构的期望收益为 π_b，贷款利率为 i，对农户实施监督的成本为 c，安全投资（如购买国债）的收益率为 $d(0 < d < 1)$。农户自有资金为 W，项目投资所需资金为 $I(I > W)$，需向农村金融机构申请的贷款额度为 $m = I - W$。农户项目成功的概率为 $p(0 \leqslant p \leqslant 1)$，成功时的收益为 R，失败时的剩余资金为 $r(r < R)$；项目成功后农户一定会选择还款，项目失败后为了维护自身信誉农户依然会努力还款①，此时选择还款的概率为 $\alpha(0 \leqslant \alpha \leqslant 1)$，选择违约的概率为 $1 - \alpha$，违约后需要付出的成本（包括心理成本、无法继续申请贷款的机会成本、信誉成本等）为 s，农户将自有资金进行储蓄以及自己从事其他工作获得的收益为 θ。

在满足上述假设条件的情况下，农村金融机构发放额度为 m 的贷款的期望收益可以表示为：

---

① 一般情况下，农户项目投资的额度比较小，申请贷款的额度相应也比较小，因此，即使项目最终失败但很多农户依然具备还款能力，如通过外出务工、亲戚朋友间的短期拆借等等。所以，笔者认为即使投资项目失败，依然会有部分农户会努力偿还贷款。

$$\pi_b = pm(1+i) + (1-p)\alpha m(1+i) - c - dm - m \qquad (3.3)$$

农户的期望收益可以表示为：

$$\pi_h = p[R - m(1+i) - W] + (1-p)\alpha[r - m(1+i) - W]$$
$$+ (1-p)(1-\alpha)(r - s - W) - \theta$$
$$= pR + (1-p)r - [p + (1-p)\alpha]m(1+i)$$
$$- (1-p)(1-\alpha)s - W - \theta \qquad (3.4)$$

由式（3.3）可知，在没有资产抵押以及其他担保的情况下，同意放款后农村金融机构的收益只能依赖农户投资项目的成功以及农户对自身信誉的重视程度。对式（3.3）分别求 p 和 α 的导数可得：

$$\frac{\partial \pi_b}{\partial p} = m(1+i) - \alpha m(1+i)$$
$$= (1-\alpha)m(1+i) \geqslant 0 \qquad (3.5)$$

$$\frac{\partial \pi_b}{\partial \alpha} = (1-p)m(1+i) \geqslant 0 \qquad (3.6)$$

由式（3.5）和式（3.6）可知，除了 $\alpha = 1$ 和 $p = 1$ 的情况外（事实上，现实生活中这两种情况几乎都不会出现），$\partial\pi_b/\partial p$ 和 $\partial\pi_b/\partial\alpha$ 均大于 0，也即在没有抵押资产的情况下，农村金融机构的贷款收益取决于农户投资项目的成功率和项目失败后努力还款的概率，农户投资项目的成功率越高、项目失败后努力还款的概率越大，农村金融机构的收益也就越高。这同时也说明了，农村金融机构一旦同意放款后，其获得收益的主动权将转移到农户手中，农村金融机构则处于被动状态。

在此情形下，农村金融机构为了提高信贷效益，一般会采取提高利率和加强贷后监督的方式。为了分析便利，假定农村金融机构与农户均为风险中性，也即同等额度的收益下，不确定情况下的收益和确定情况下的收益能给农村金融机构和农户带来相同的效用。同时也意味着，只有当农村金融机构和农户的预期收益大于 0，农户才会向农村金融机构申请贷款，农村金融机构才会同意放款。由式（3.3）和式（3.4）可知，农户贷款交易成功的约束条件为：

$$pm(1+i)+(1-p)\alpha m(1+i)-c-dm-m>0 \qquad (3.7)$$

$$pR+(1-p)r-[p+(1-p)\alpha]m(1+i)-(1-p)(1-\alpha)s-W-\theta>0$$
$$(3.8)$$

由式（3.7）进一步变形可得：

$$i>\frac{c+dm+m-[p+(1-p)\alpha]m}{[p+(1-p)\alpha]m} \qquad (3.9)$$

也即，在农村金融市场上如果存在均衡利率 i^*，则一定满足：

$$i^*>\frac{c+dm+m-[p+(1-p)\alpha]m}{[p+(1-p)\alpha]m} \qquad (3.10)$$

在此，假设农村金融机构安全投资收益不变的情况下，也即农村金融机构发放农户贷款的机会成本固定。若要保证式（3.10）成立，则农村金融机构对农户实施监督的成本 c 必须较低或者市场均衡利率 i^* 较高。而在信息不对称较严重的农村金融市场上，通过降低监督成本来提高信贷收益的方法实施难度非常大，因此，在农村金融市场上，农村金融机构为了提高自身收益率一般会采取提高贷款利率的策略。

在明确了农村金融机构的经营策略后，我们继续分析利率变动对农户的影响。假设农村金融市场上包括两类农户，一类是稳健型农户，另一类是投机型农户。所谓稳健型农户是指所投资项目风险小、收益低，项目成功率高。所谓投机型农户是指所投资项目风险大、收益率高，项目失败率高。并以 σ 和 ω 分别代表稳健型农户和投机型农户。

对于稳健型农户和投机型农户，由于投机型农户在投资项目成功后获得的收益更高，愿意承担更高的利息成本，而稳健型农户的收益率较低，其承担高利息成本的能力和意愿也较低。因此，稳健型农户可接受的最高利率低于投机型农户可接受的最高利率。令稳健型农户和投机型农户所能接受的最高利率分别为 $\overline{i^\sigma}$ 和 $\overline{i^\omega}$，则有 $\overline{i^\sigma}<\overline{i^\omega}$。基于此，假设现实中农村金融机构提供的利率为 i，当 $i<\overline{i^\sigma}$ 时，稳健型农户和投机型农户均会申请贷款；当 $\overline{i^\sigma}<i<\overline{i^\omega}$ 时，稳健型农户会退出信贷市场，只有投机型农户会申请贷款；当 $i>\overline{i^\omega}$ 时，稳健型农户和投机型农户均会退出信贷市场，此时农村金融市场就不存在任何交易。

关于利率调整对农村金融机构预期收益的影响，本书在借鉴黎荣舟等（2003），肖兰华和金雪军（2010）模型的基础上展开进一步分析。上述分析依赖一个重要的假设前提，也即农户还款的概率 p 独立于利率 i，但实际上农户还款的概率 p 一般并不独立于利率 i，p 的大小取决于 i 的大小，即 $p = p(i)$，它们之间呈负相关性，即 $\partial p / \partial i < 0$；即贷款利率越高，农户还款的概率越低。由式（3.3）可得：

$$\frac{\partial \pi_b}{\partial i} = pm + (1 - p)\alpha m + \left[(1 - \alpha)m(1 + i)\right]\frac{\partial p}{\partial i} \tag{3.11}$$

式（3.11）表明，利率 i 的变动对农村金融机构期望收益的影响可分为两部分：一是利率变动的收入效应 $pm + (1 - p)\alpha m$，即利率每提高一个单位变化量，农村金融机构收益可增加 $pm + (1 - p)\alpha m$；二是利率变动的风险效应，$\left[(1 - \alpha)m(1 + i)\right](\partial p / \partial i)$，即利率每提高一个单位变化量，农户还款的概率下降 $\partial p / \partial i$，农村金融机构的期望收益下降 $\left[(1 - \alpha)m(1 + i)\right]$。

由此可知，当农村金融机构试图通过提高利率来弥补信贷损失的情况下，一方面，如果贷款过高就会导致大量稳健型农户退出市场，反而会吸引更多投资型农户申请贷款，并最终因投资型农户项目风险大而使农村金融机构面临更大的信贷违约风险；另一方面，会降低农户还款的概率。也即通过调整利率来弥补农户贷款损失、提高信贷收益反而会使农村金融机构面临较大的逆向选择风险和高违约风险。在此情形下，农村金融机构为了规避风险最终会选择停止放贷或者实行信贷配给，进而导致农村金融市场失灵，农户贷款困难。

结论1：在缺乏抵押资产的农村金融市场上，农村金融机构的预期收益对农户投资项目成功率及项目失败后农户努力还款概率的依赖度较大，而这两个概率的不确定性又较大，致使农村金融机构在放款后常处于被动状态。受农户监督成本提升空间有限的制约，为了在信贷违约率较高的农村金融市场上提高预期收益，农村金融机构一般会采取提高利率的办法。而利率的提高一方面导致部分稳健型农户退出市场，使投机型农户比例提高，逆向选择风险加大；另一方面导致农户还款概率下降，进而导致农村金融机构面临较大的信贷违约风险。也即在没有抵押资产作为第二还款来源保障的情况下，信息不对称较严重的农村金融市场面临着市场失灵的困境，农村金融机构为了规避风险最终会选择停止放贷或者实行信贷配给，从而导致农村金融市场失灵，农户贷款困难。

3.4.1.2 农户家庭资产对农村金融市场失灵的修正

在没有抵押资产的情况下，农户贷款仅有项目预期收益一个还款来源，抵押资产可以作为农户项目经营失败后的第二还款来源为农村金融机构出现的信贷损失进行一定补偿。假设农户提供的家庭资产价值为 G，抵押权实现需付出的成本比例为 $\delta(0 < \delta < 1)$。此时农村金融机构的预期收益函数变为：

$$\pi_b = pm(1+i) + (1-p)(1-\delta)G - c - dm - m \tag{3.12}$$

农户的预期收益函数变为：

$$\pi_h = p[R - m(1+i) - W] - (1-p)(r - G - W) - \theta \tag{3.13}$$

对式（3.12）求导可得：

$$\frac{\partial \pi_b}{\partial p} = m(1+i) - (1-\delta)G \tag{3.14}$$

$$\frac{\partial \pi_b}{\partial G} = (1-p)(1-\delta) > 0 \tag{3.15}$$

由式（3.14）可知，$\partial \pi_b / \partial p$ 的大小与 α 无关，说明在加入抵押资产后，由于农村金融机构在抵押权行使过程中手握主动权，在投资项目经营失败后农村金融贷款能否按时回收不再依赖农户的还款意愿。与此同时，农村金融机构预期收益对农户投资项目成功率的依赖度也在下降，例如，当 $(1-\delta)G = m(1+i)$ 时，$\partial \pi_b / \partial p = 0$，此时，农村金融机构预期收益的大小与农户投资项目的成功率无关。

由式（3.15）可知，农村金融机构预期收益与农户抵押资产价值呈正相关，即抵押资产价值越大，农村金融机构预期收益越高。由式（3.12）可知，农村金融机构同意放款的约束条件为：

$$pm(1+i)+(1-p)(1-\delta)G-c-dm-m>0 \qquad (3.16)$$

进一步计算可得：

$$G>\frac{c+dm+m-pm(1+i)}{(1-p)(1-\delta)} \qquad (3.17)$$

由式（3.17）可知，只要当农户提供的资产价值达到甚至超过 $\frac{c+dm+m-pm(1+i)}{(1-p)(1-\delta)}$，农村金融机构就会同意放款，甚至可以不考虑农户投资项目成功率和还款意愿。

结论 2：作为第二还款来源的抵押资产能够有效降低农村金融机构预期收益对农户还款概率的依赖，使农村金融机构贷后依然能够手握主动权，有利于降低逆向选择风险带来的信贷损失，提高农村金融机构预期收益。伴随着抵押资产价值的增大，农村金融机构的预期收益也会提高，当资产价值超过 $\left[c+dm+m-pm(1+i)\right]/\left[(1-p)(1-\delta)\right]$ 时，农村金融机构甚至可以毫无顾虑的选择放款。这同时也说明了，农户家庭资产之所以能够实现资产价值向金融价值转化，原理在于家庭资产能够有效缓解农户与农村金融机构之间的信息不对称，提升农户在农村金融机构的信用评级，提高农村金融机构发放贷款的可能性，而且伴随着资产价值的增大，资产金融价值转化实现的可能性也越大，当资产价值达到一定大小后甚至就一定能够实现转化。

3.4.1.3 农户家庭资产特征对资产金融价值转化的影响

由上述分析可知，资产价值大小是决定农户家庭资产金融价值转化能否实现的决定性因素，但这是基于抵押权实现成本固定的前提条件下得出的，事实上，抵押资产处置后的价值大小与资产的处置成本密切相关，本节将重点分析农户家庭资产其他特征对资产金融价值转化的影响。

另由前文分析可知，在缺乏资产抵押的情况下，农村金融机构会因为逆向选择风险和道德风险（也即事后违约风险）过大而选择停止放贷。在提供抵押资产的情况下，由于信息不对称得到有效缓解，农村金融机构会根据资产价值大小发放对应额度的贷款。因此，此处的分析我们假设农村金融机构批准的农户贷款额度即为农户家庭资产金融价值转化额度，农户家庭资产特征对资产金融价值转化额度的影响即为农户家庭资产特征对资产金融价值转化的影响。

《中华人民共和国担保法》规定，所谓抵押，是指债务人或者第三人不转移对标的财产的占有，将该财产作为债权的担保。债务人不履行债务时，债权人有权依照本法规定以该财产折价或者以拍卖、变卖该财产的价款优先受偿。根据这一规定，农户家庭资产要发挥抵押作用：首先资产要具有较高的价值；其次需满足产权清晰的条件；最后要易于变现，也即流动性要强。此外，由于农村社会保障水平较低，农户部分资产是其基本生存的保障，若将这类资产强行处置很可能会威胁到农户的基本生存，从而产生较大的社会伦理成本。因此，在农户家庭资产金融价值转化过程中，除了资产价值大小外，资产处置要受资产变现、资产储存和运输、资产产权、农户生存依赖程度等四方面因素的影响，此处假设由农户资产变现、资产储存和运输、产权不清晰、基本生存依赖因素引起的处置成本占比分别为 β、γ、ε、ς，则有：

$$\delta = \beta + \gamma + \varepsilon + \varsigma \tag{3.18}$$

将式（3.18）代入式（3.12）有：

$$\pi_b = pm(1+i) + (1-p)\left[1 - (\beta + \gamma + \varepsilon + \varsigma)\right]G - c - dm - m \tag{3.19}$$

对式（3.19）分别求 β、γ、ε、ς 的偏导数有：

$$\frac{\partial \pi_b}{\partial \beta} = \frac{\partial \pi_b}{\partial \gamma} = \frac{\partial \pi_b}{\partial \varepsilon} = \frac{\partial \pi_b}{\partial \varsigma} = -G(1-p) < 0 \tag{3.20}$$

由式（3.20）可知，贷款者的边际期望收益（$\partial \pi_b$）分别是资产变现成本变化量（$\partial \beta$）、资产储存和运输成本变化量（$\partial \gamma$）、资产产权不清晰成本变化量（$\partial \varepsilon$）以及因基本生存依赖产生的社会伦理成本变化量（$\partial \varsigma$）的减函数，也即对于单个农户家庭资产，资产变现成本占比越低、资产储存和运输成本越低、资产产权越清晰、农户生存依赖程度越小，农户家庭资产金融价值转化越容易实现，农户家庭资产金融价值转化额度越大。

结论 3：在农户家庭资产特征中，除了资产价值大小以外，农户家庭资产金融价值转化还受资产变现成本、资产储存和运输成本、资产产权不清晰成本、因基本生存依赖产生的社会伦理成本等因素的影响。

3.4.2　农户家庭资产与金融价值转化的相互关系

由前文分析不难得出，资产价值和金融价值是农户家庭资产两种不同的价值表现形式，在农户家庭资产价值向金融价值转化的过程中，农户家庭资产价值与金融价值转化相互影响、相互促进。农户家庭资产价值决定着金融价值转化：第一，农户家庭资产价值是金融价值转化的前提和基础。在借贷双方存在信息不对称的情况下，借款人通过提供充足的抵押品，可以增加其信贷契约执行激励，并促使贷款人在信贷违约发生后能够得到一定补偿，从而降低贷款人的信贷风险（Hillier & Ibrahimo，1993），然而，要达到这一目的的前提和基础是农户家庭资产必须具有一定的资本价值。第二，农户家庭资产价值大小决定着金融价值转化规模。根据农户家庭资产价值向金融价值转化的核心路径——资产抵押的定义可知，农户家庭资产被设置为抵押品后，其可以提高贷款人在农户信贷违约后的预期收益，而且在贷款额度一定的情况下，该预期收益的高低直接取决于被设置为抵押品的家庭资产的折后变现价值，折后变现价值越高，贷款人在农户违约后获得的补偿收益越高，并且当折后变现价值大于贷款额度时，贷款人面临的违约损失将会降低到最低限度。第三，农户家庭资产价值构成决定着金融价值转化结构。金融价值转化依赖于农户家庭资产的客观存在，有哪些种类的资产才有可能实现哪些资产的金融价值转化，金融价值转化结构取决于农户家庭资产价值的构成。第四，农户家庭资产价值质量决定着金融价值转化效率。资产从办理抵押到抵押权实现需要经过价值评估、登记、运输、储藏、拍卖等多个环节，每个环节都要花费一定的物质成本和时间成本，且各个环节的物质及时间成本与资产本身的质量密切相关，对于同等价值的资产，质量好的资产相较于质量差的资产更容易实现金融价值转化。

与此同时，金融价值转化也会对农户家庭资产价值产生重要影响，这种影响集中体现在：首先，金融价值转化是农户家庭资产价值的实现途径。资产价值的实现是指具备一定价值的资产通过拍卖、流转、抵押等多种途径为资产所有者带来一定的经济效益。在众多实现途径中，金融价值转化是农户家庭资产价值实现的重要途径，它可以在不转让资产所有权的情况下，为农户生产带来更多的资金，从而推动农户各种经营活动的扩大再生产。其次，金融价值转化有利于农户家庭资产价值的积累。农户家庭资产价值向金融价值转化一方面能够增加农户的资金流动性，从而促使农户购置更多的资产，加快家庭资产价值积累；另一方面通过推动农户经营活动的扩大再生产促进农户家庭收入的增加，从而提高其购买各种家庭资产的能力。再次，金融价值转化制约着农户家庭资产价值的实现。农户家庭资产大都是农户生产和生活的必需品，因此其价值难以通过拍卖、流转等方式直接为农户带来收益，在此情形下，农户家庭资产价值的实现在很大程度上要受到金融价值转化的制约，这种制约作用集中体现在两点：一是金融价值转化结构制约着农户家庭资产价值实现的结构，二是金融价值转化规模制约着农户家庭资产价值实现的规模。

| 4 |

农户家庭资产金融价值转化
状况的调查分析[*]

要推动农户家庭资产价值向金融价值的转化,就必须了解农户家庭资产价值向金融价值转化的现状及存在的问题。前文已从理论视角就农户家庭资产价值向金融价值转化的相关问题及资产价值与金融价值转化之间的关系进行了阐述。本章以重庆市为样本基地,在对农户家庭资产价值向金融价值转化进行实地问卷调查的基础上,采用描述性统计和计量分析相结合的方法以资产抵押路径为例对农户家庭资产价值向金融价值转化的现状及问题进行详细分析。

4.1 农户家庭资产金融价值转化实践及样本选择

微观研究是在宏观实践的支持下展开的,本节将重点对中华人民共和国成立以来我国农户家庭资产金融价值转化的演变历程以及典型地区农户家庭

* 本章第 4.2 节部分内容已被《中国农村经济》采用,第 4.2 节部分内容和第 4.3 节全部内容已被《农村经济》2015 年第 10 期和 2016 年第 4 期采用,特别感谢《中国农村经济》和《农村经济》编辑与审稿人提出的重要修改意见。

资产价值向金融价值转化的实践进行回顾，在此基础上对本书样本区域的选择进行阐释。

4.1.1 农户家庭资产金融价值转化的实践过程

4.1.1.1 农户家庭资产金融价值转化的实践过程

根据农户家庭资产金融价值转化的种类和数量，本节将农户家庭资产金融价值转化的演变历程分为四个阶段（详见表4.1），分别为1949～1978年的禁止阶段、1979～1993年的萌芽阶段、1994～2007年的成长阶段和2007年至今的全面发展阶段。

表4.1　　中华人民共和国成立以来我国农户家庭资产金融价值转化的演变历程

时间	阶段划分	可进行价值转化资产	资产金融价值转化特征
1949～1978年	禁止阶段	几乎没有	①农户信贷是政府计划的组成部分，必须在国家批准的统一信贷计划下，有计划、有目的发放，不在计划内的农户无法获得贷款 ②农户能否得到贷款完全由政府信贷计划决定，无法借助资产价值向金融价值的转化通过市场竞争来获取 ③农户家庭资产种类少，除了宅基地和质量较差房屋外，基本上没有其他具有价值的资产
1979～1993年	萌芽阶段	非常少	①依然以国家信贷计划为主，但市场调控开始得到初步认可 ②伴随着家庭联产承包责任制的实施，农户能够自行从事生产活动，家庭资产开始得到一定积累，但价值依然非常小 ③由于此时的农户信贷依然以国家信贷计划为主，农户家庭资产的价值也非常小，所以，农户家庭资产金融价值转化仅仅处在萌芽阶段，实现价值转化的资产非常少

续表

时间	阶段划分	可进行价值转化资产	资产金融价值转化特征
1994～2007 年	成长阶段	种类逐渐增多，如机器设备、交通运输工具等	①农户信贷以市场调控为主，政府由过去的直接控制转为宏观调控，典型的手段包括基准利率、存款准备金率等 ②农户家庭资产种类和价值快速增长，具有一定价值的资产种类也越来越多 ③农户家庭资产金融价值转化的种类开始增多，大量具有较高价值的机器设备、交通运输工具等资产的金融价值都得到了开发，并成为农户融资的重要工具，但农户耕地、宅基地、房屋等固定资产的金融价值依然未得到开发
2007 年至今	全面发展阶段	土地、房屋、机器设备、交通工具等几乎所有有价值资产	①农户家庭资产的种类非常多，价值也比较大，资产金融价值开发潜力巨大 ②农户家庭资产价值向金融价值转化首次上升到中央层面，为了推动农户家庭资产价值向金融价值转化，政府不断出台鼓励及支持政策 ③农村金融机构对农户家庭资产的认可度越来越高，农户资产金融价值得到开发的种类和数量均较多，并已逐渐成为农户获得资金的重要渠道

（1）在禁止阶段，农户信贷是政府计划的组成部分，必须在国家批准的统一信贷计划下，有计划、有目的发放，不在计划内的农户无法获得贷款，农户亦无法借助资产价值向金融价值的转化通过市场竞争来获取资金。此外，这一阶段，农村地区实行集体统一经营、集中劳动、统一分配、吃大锅饭，农户所得除了满足基本的衣食住行外几乎无剩余，也几乎不具备购买具有一定价值资产的能力，导致农户家庭资产种类少，除了宅基地和质量较差房屋外，基本上没有其他具有价值的资产。

（2）在萌芽阶段，信贷资金的配置依然以国家信贷计划为主，但市场调控开始得到初步认可。伴随着家庭联产承包责任制的实施，农户开始独立从事生产活动，在这一制度下，农户生产所得中除了交给国家和集体的便是农户自己的，因此，农户开始具备一定购买资产的能力。但由于这一时期农户所从事的生产经营活动基本上为小规模的农业生产活动，非农生产尚处于初始阶段，所以生产剩余非常少，家庭资产的价值也非常小，农户家庭资产金融价值转化也仅仅处在萌芽阶段。

（3）在成长阶段，政府由过去的直接控制转为宏观调控，典型的手段包括基准利率、存款准备金率等，农户信贷以市场调控为主，并出现越来越多的信贷产品。在这一时期，开始有越来越多的农户从事非农生产经营，农户收入也由单一化转向多元化并实现了持续快速增长。伴随着收入的快速增长，农户家庭资产种类和价值快速增长，具有一定价值的资产种类也越来越多，大量具有较高价值的机器设备、交通运输工具等资产的金融价值都得到了开发，并成为农户融资的重要工具，但农户耕地、宅基地、房屋等固定资产的金融价值依然未得到开发。

（4）在全面发展阶段，经过多年的农村经济快速发展以及收入的持续快速增长，农户家庭已经积累了种类众多、价值较大的资产，资产金融价值开发潜力巨大，农村金融机构对农户家庭资产的认可度越来越高，农户资产金融价值得到开发的种类和数量均较多，并已逐渐成为农户获得资金的重要渠道。然而，在这一时期，农户现有的融资能力与农村经济发展对资金需求量的不断增长之间依然存在较大矛盾，为了提高农户融资能力，推动农村经济发展，农户家庭资产价值向金融价值转化首次上升到中央层面，并不断出台鼓励农村承包土地经营权和农民住房财产权进行资产金融价值转化的政策。

4.1.1.2 典型区域推动农户家庭资产金融价值转化的实践

近些年，伴随着农村经济发展对资金需求量的不断增多以及农村资金缺口的不断增大，各地开始认识到农户家庭资产金融价值开发的重要性，并将推动农户家庭资产价值向金融价值的转化作为破解农村融资难题的突破口，通过盘活大量沉睡资产来为农村经济发展注入更多血液。表4.2为代表性区域推动农户家庭资产金融价值转化的实践。这其中，在农户家庭当中具有普遍性、价值较高且稳定而又未被纳入贷款抵押标的范围的土地、林地、宅基地、住房成为各地重点挖掘的对象。通过努力，土地、林地、宅基地、住房等资产的金融价值转化也取得了不俗的成绩,如云南省林权抵押贷款业务已覆盖了80%以上的县(市、区);重庆市在试点农村"三权"抵押贷款业务后的短短三年内就为农户发放贷款486亿元;陕西省镇巴县在开展农房财产抵押贷款业务后的短短2个多月的时间内就为农户提供了958万元的贷款。除了各地在积极进行农户家庭资产金融价值转化的实践探索外,通过实现农户家庭资产价值向金融价值转化来破解农村融资难题也已经上升到了中央的高度。2016年1月,全国人大常委会更是明确将北京市大兴区等232个试点县(市、区)作为全国开展农村承包土地的经营权抵押贷款的试点区、将天津市蓟县等59个试点县(市、区)作为全国开展农民住房财产权抵押贷款的试点区。大量农户家庭资产金融价值转化的实践探索也从侧面论证了本书的实践价值。

表4.2   **典型区域推动农户家庭资产金融价值转化的实践**

区域名称	年份	实践内容
云南省	2006	2006年,云南省率先进行集体林权制度主体改革,并率先在全国开展了林权抵押贷款业务。截至2012年末,云南省林权抵押贷款业务覆盖了108个县(市、区),覆盖面达81.4%,林权抵押贷款余额连续三年稳居全国第一
安徽省宁国市	2007	在全国率先开展农村"三权"抵押贷款试点,以林权抵押贷款为例,截至2014年5月,辖区6家农合机构累计发放林权抵押贷款677笔,金额4.12亿元
四川省成都市	2008	成立全国首个农村产权流转担保公司,打通农房流转通道
重庆市	2008	2008年,中国农业银行重庆分行开始在开县试点农村土地承包经营权抵押贷款
	2010	2010年,为了丰富农村融资渠道、激活农村沉睡资产,重庆市开始试行农村"三权"抵押贷款,并出台了《重庆市农村土地承包经营权、农村居民房屋及林权抵押融资管理办法》。截至2013年12月,全市已有6家商业银行办理"三权"抵押贷款业务,累计发放贷款486亿元、贷款余额达到327亿元
湖南省张家界	2010	农村信用社和农发行开始办理林权抵押贷款,从2010~2014年12月,累计发放林权抵押贷款17285万元

区域名称	年份	实践内容
陕西省镇巴县	2014	2014 年，陕西省镇巴县开始探索农房财产抵押贷款业务。从 1 月 8 日办理了首笔业务到 3 月 20 日，镇巴县信用联社就办理了 20 笔农房抵押贷款业务，金额为 958 万元，占镇巴县信用联社同期新增贷款的 19.2%
北京市大兴区等 232 个试点县（市、区）	2015	2015 年 12 月，第十二届全国人大常委会第十八次会议通过相关决定，将北京市大兴区等 232 个试点县（市、区）作为全国开展农村承包土地的经营权抵押贷款的试点区
天津市蓟县等 59 个试点县（市、区）	2015	2015 年 12 月，第十二届全国人大常委会通过相关决定，将天津市蓟县等 59 个试点县（市、区）作为全国开展农民住房财产权抵押贷款的试点区

资料来源：笔者整理。

4.1.2 农户家庭资产金融价值转化的样本选择

4.1.2.1 样本区域选取的依据

通过典型样本来反映整体状况是研究经济学问题的重要方法之一。本书选择以重庆市为样本区域来对农户家庭资产价值向金融价值转化展开研究是基于以下几方面的考虑：第一，农村实地调查需要耗费大量的人力、物力和财力，受人财物等资源的限制，本书只能选择具有典型代表性的区域作为样本来展开研究。第二，政府对农户家庭资产价值向金融价值转化的推动始于近几年，各地对农户家庭资产金融价值转化的认识、实施的政策、推动力度以及农户家庭资产金融价值转化的发展水平参差不齐，甚至大部分地区至今仍未开展农户家庭资产价值向金融价值转化的实践探索。在大部分地区尚未进行实践探索的情况下，若以全国为样本展开研究会使降低研究结果的准确性和研究的价值。第三，重庆市是全国范围内较早进行农户家庭资产价值向金融价值转化的实践探索的，也是推动力度最大、政策配备最完善、金融改革最深入、农户资产金融价值转化效果最好的地区之一，以重庆市为样本有利于更深入、更准确地了解农户家庭资产价值向金融价值转化的现状及问题。第四，重庆市是全国统筹城乡综合配套改革试验区，以重庆市为样本来展开研究有利于推动统筹城乡综合配套改革的成功，并为重庆市统筹城乡综合配套改革积累更多的经验。第五，重庆市是典型的大城市带动大农村，城乡二元经济结构特征明显，城乡居民收入差距较大，农村地区融资困难，难以满足农村经济发展的需要，这些均与中国的整体国情相似，因此，重庆的市情在很大程度上可以反映全国的国情，因此，以重庆市为样本得出来的结论及提出的政策在全国范围内具有较高的推广使用价值。

4.1.2.2 样本数据来源的说明

在确定重庆市为样本地区后，为了使收集的数据更具代表性和真实性，我们在区域选择上采取了分层抽样法，并在 2014 年 2～8 月间组织培训了部分研究生以及被选择区域的基层农村干部展开调查。具体调查方法为：首先，根据经济发展水平，将重庆市所有区（县）分为上、中、下三个层次，并在每个层次中随机选择三个区（县）确定为样本区（县）；然后，将样本区（县）中的乡镇同样按经济发展水平分为上、中、下三个层次，在每个层次中随机选择一个乡镇，并在每个乡镇中选择一个经济发展水平位于中间位置的村①，由此将本书的样本区域确定为 9 个区（县）、27 个乡镇、27 个村。最后，在样本村村干部带领下对被选择农户进行逐一问卷和访谈调查。各个区（县）最终收集到的样本数分别为：巴南区 130 户、北碚区 114 户、涪陵区 116 户、江津区 147 户、潼南县 129 户、垫江县 98 户、开县 124 户、云阳县 139 户、彭水县 110 户，共计 1107 户，剔除部分数据残缺问卷后，最终得到的有效样本数为 1046 户，有效样本率 94.49%。

---

① 受基层统计数据不完善的制约，本书对于样本村的选择是在咨询乡镇干部的基础上确定的。具体方法为：笔者认为，一般情况下，经济发展水平处于中间位置的村最能反映该乡镇的经济发展状况，为此在进行样本村选择时，调查组人员首先向各乡镇的干部代表咨询该乡镇中经济发展水平处于最中间位置的村，然后将乡镇干部推荐的村作为样本村展开深入调查。

4.1.2.3 样本农户的基本特征

被调查的1046户样本农户，其基本状况表现出以下五个方面的特征（见表4.3）：

表4.3 样本农户的基本特征

项目	选项	户数（户）	所占比例（%）	累积比例（%）
户主文化水平	小学及以下	377	36.04	36.04
	初中	473	45.22	81.26
	高中	191	18.26	99.52
	大专及以上	5	0.48	100
家庭总收入	2万元以下	153	14.63	14.63
	2万~5万元	440	42.07	56.69
	5万~10万元	320	30.59	87.28
	10万元以上	133	12.72	100
从事的农业生产	种植业	499	64.39	64.39
	养殖业	75	9.68	74.07
	种养业均有	201	25.94	100
从事的非农业生产	短期农工	215	24.54	24.54
	外出打工	432	49.32	73.86
	自营工商业	147	16.78	90.64
	其他	82	9.36	100
非农业收入占家庭总收入的比例	10%以下	142	13.58	13.58
	10%~30%	85	8.13	21.71
	30%~50%	92	8.80	30.5
	50%~70%	162	15.49	45.99
	70%以上	565	54.02	100

资料来源：笔者根据调查数据计算整理而得。

（1）户主文化水平以初中和小学及以下所占比例最大。在所有 1046 户样本农户中，户主文化水平为初中和小学及以下的数量分别为 473 户和 377 户，占比分别为 45.22% 和 36.04%，两者占样本总数的比例为 81.26%。

（2）家庭总收入多处于中端水平，但高收入农户也已占一定比例。在被调查的农户家庭中，2 万 ~5 万元和 5 万 ~10 万元两个区间最多，样本农户数量分别为 440 户和 320 户，占比分别达到 42.07%、30.59%。与此同时，年总收入在 10 万元以上的农户数量也多达 133 户，占比为 12.72%，说明当前我国农户的家庭收入水平正在不断提升。

（3）农业生产活动以种植业为主，养殖业仅占 1/3 左右。在 1046 户样本农户，有 775 户农户仍旧从事农业生产活动，也即约 1/4 的农户已经完全脱离了农业生产。在从事农业生产的农户中，有 90.33% 的农户从事种植业，35.62% 的农户从事养殖业。

（4）非农业生产活动以外出打工为主，但自营工商业也占有较大比例。样本农户中，共有 876 户从事着非农业生产活动，其中占比最高的为外出打工，比例达到 49.32%，但自营工商业的农户比例也达到了 16.78%，说明，伴随着农村经济的不断发展，农户创业活动也在不断增多，农户的经商才华正被逐渐释放出来。

（5）非农收入已成为农户最主要的收入来源，农业在农户生活中的作用正在被弱化。在 1046 户样本农户，非农业收入占家庭总收入的比重在 50% 以上的农户高达 69.51%，占比在 30% 以下的农户比例仅为 21.71%。说明，农业在农户生活中的作用正在被弱化，农户生活开始更依赖非农生产活动。

4.2　农户借贷及家庭资产金融价值转化状况分析

了解农户家庭资产价值向金融价值转化的状况是发现农户家庭资产价值向金融价值转化问题的基础。然而，农户家庭资产价值向金融价值转化的目的是满足农户的资金需求，决定转化能否成功的核心因素是农户家庭资产价值的大小。因此，本节首先对农户借贷需求及满足状况、农户家庭资产状况进行分析，其次对农户家庭资产价值向金融价值转化的状况进行论述。

4.2.1 样本农户借贷需求以及满足状况

4.2.1.1 样本农户的信贷需求特征

现实中，农户所从事的生产经营活动多伴有季节性或周期性特征，导致农户的家庭收入在不同时期波动较大，再加上受资金、技术、知识等多种因素的制约，农户的生产经营活动一般规模较小，收入水平和储蓄能力较低，一旦遇到一次性较大支出便容易出现资金短缺，因此，从理论上讲，农户中有信贷资金需求的比例会非常高。实地调查发现，在1046户农户中有743户农户有信贷需求①，占比高达71.03%（见表4.4），即约七成的农户有信贷需求，调查结果也为上述理论分析提供了佐证。同时，与企业等市场主体是单一的生产单位不同，农户是一个集生产单位和生活消费单位于一体的综合性组织，因此，其信贷资金需求也较企业更为复杂，不仅有生产性资金需求，还有生活消费性需求。概括起来，样本农户的信贷需求特征呈现为以下几点（见表4.4）：

表4.4　　　　　　　　　　　样本农户的信贷需求特征

题目	选项	户数（户）	所占比例（％）	累积比例（％）
是否有信贷需求	有资金需求	743	71.03	71.03
	无资金需求	303	28.97	100

---

① 经济学上的信贷需求指的是借款人既有借款意愿又有还款能力的信贷需求。鉴于数量上无法对能力进行准确区分，本书的有信贷需求农户是借鉴王定祥、田庆刚和李伶俐等（2011）的判定方法根据农户的问卷选择来确定的，亦即：只要农户认为根据自身家庭生产生活情况而客观需要借款，并确信未来肯定能够设法按期偿还本息，本书就将其认定为有信贷需求的农户。

题目	选项	户数（户）	所占比例（%）	累积比例（%）
借贷期望值	20 万元以上	178	23.96	23.96
	10 万~20 万元	253	34.05	58.01
	5 万~10 万元	149	20.05	78.06
	2 万~5 万元	113	15.21	93.27
	2 万元以下	50	6.73	100
资金需求的主要用途	生产性用途	273	36.74	36.74
	生产兼生活消费性用途	323	43.47	80.21
	生活消费性用途	147	19.78	100
生产性用途	种植业	178	29.87	29.87
	养殖业	131	21.98	51.85
	经营非农产业	433	72.65	124.5
	其他	77	12.92	137.42
生活消费性用途	买大件消费品	165	35.11	35.11
	看病	90	19.15	54.26
	建房子	95	20.21	74.47
	城镇购房	249	52.98	127.45
	子女上学	176	37.45	164.9
	人情往来	45	9.57	174.47
	婚丧嫁娶	18	3.83	178.3
	其他	99	21.06	199.36

资料来源：笔者根据调查数据计算整理而得。

（1）资金需求额度较大。伴随着农村经济的不断发展，农户对资金的需求不再仅仅局限在维持简单农业再生产和基本生活需求，而是更多地用于规模化生产、非农生产以及生活质量的改善，因此，其对资金的需求额度也在不断增大。调查结果显示，在 743 户有资金需求的农户中，资金需求额度在

20 万元以上有 178 户，占比为 23.96%，若将门槛降低到 10 万元，这一比例则高达 58.01%，而资金需求额度在 2 万元以下的农户仅占比 6.73%。

（2）生产性用途和生活消费性用途均占有较高比重，但以生产性用途为主。调查结果显示，在资金需求用途中，占比最大的是生产兼生活消费性用途，比例为 43.47%，这与农户既是生产主体又是消费主体的典型特征相符，其次为生产性用途。若只计算生产性用途和生活消费性用途，二者的占比分别为 80.21%、63.26%①，也即农户的资金需求以生产性用途为主。

（3）生产性用途中以经营非农产业为主，农户"离农"趋势明显。在 596 户有生产性资金用途的农户中，有 433 户农户的资金需求为经营非农产业，占比高达 72.65%，而选择种植业和养殖业的比例分别为 29.87% 和 21.98%。由此可知，农户生产活动未来向经营非农产业转移的趋势明显，"离农"将是农村地区的新常态。

（4）生活消费性用途以生活质量改善型消费品为主。调查发现，在众多生活消费性用途中，选择城镇购房、子女上学、买大件消费品、建房子的农户数分别为 249 户、176 户、165 户、95 户，占比分别为 52.98%、37.45%、35.11%、20.21%。其中，城镇购房和大件消费品一般为较富裕农户的生活所需，由此可知，伴随着农村居民生活水平的不断提高，如何进一步改善生活质量已成为影响农户消费决策的重要因素。

4.2.1.2 样本农户的借贷行为特征

基于对调查数据的分析，样本农户的借贷行为主要表现为两个方面的特征（见表 4.5）：

表 4.5 有资金需求农户的借贷行为特征

题目	选项	户数（户）	所占比例（%）	累积比例（%）
是否获得过借款	获得过借款	392	52.76	52.76
	未获得过借款	351	47.24	100

---

① 该选项在进行问卷调查时允许多选，因此两种资金用途的比例之和大于 100%。

题目	选项	户数（户）	所占比例（%）	累积比例（%）
获得借款的渠道	正规金融机构	208	53.06	53.06
	正规兼非正规渠道	36	9.18	62.24
	非正规渠道	148	37.76	100
获得借款的用途	生产性用途	225	57.40	57.4
	生活消费性用途	167	42.60	100
正规金融机构借款用途	生产性用途	179	73.36	73.36
	生活消费性用途	65	26.64	100
非正规借款用途	生产性用途	75	40.76	40.76
	生活消费性用途	109	59.24	100

资料来源：笔者根据调查数据计算整理而得。

（1）正规金融机构借款和非正规借款均占有一定比重，但以正规金融机构借款为主。在有资金需求的农户中，通过正规金融机构渠道、非正规渠道、正规金融机构兼非正规渠道实现融资的户数分别为 208 户、148 户、36 户，占比分别为 53.06%、37.76%、9.18%，也即通过非正规渠道获得借款的农户占所有已获得借款农户的比例为 46.94%，通过正规金融机构获得借款的农户占比为 62.24%[①]，高于非正规渠道借款占比。说明，虽然当前农户的资金需求受抑制较严重，但正规金融机构依然发挥了重要作用。

（2）农户借款整体以生产性用途为主，生活消费性用途为辅，但正规金融机构借款与非正规渠道借款存在明显差异。在已获得借款的 392 户样本农户中，有 225 户将资金用于了生产，有 167 户将资金用于了生活消费，生产性用途占比高于生活消费性用途占比，说明农户借款整体以生产性用途为主，生活消费性用途为辅。但正规金融机构借款与非正规渠道借款存在明显差异，正规金融机构借款中，用于生产和消费的农户占比分别为

[①] 该选项在进行问卷调查时允许多选，因此两种资金用途的比例之和大于 100%。

73.36%、26.64%，生产性借款占比远高于生活消费性借款，平均借款额为10.37万元；而非正规借款中，用于生产和消费的农户占比分别为40.76%、59.24%，生活消费性借款占比高于生产性借款，平均借款额为6.22万元。说明，农户的生产性资金需求主要通过正规金融机构借款来满足，生活消费性资金需求主要通过非正规借款来满足，且正规金融机构的借款额度大于非正规借款。

4.2.1.3 样本农户的借贷需求满足状况

农户信贷需求的满足程度较低，融资依然面临困境。衡量农户信贷需求是否得到满足应从两个方面着手，一方面是看有资金需求的农户是否获得了借款，另一方面是看已获得借款农户的实际融资额度是否满足了需求。是否获得借款方面：在743户有资金需求的农户中，仅有392户获得过借款，占比为52.76%，也即47.24%的有资金需求的农户并未获得过借款。实际融资额度是否满足需求方面：在已获得借款的农户中，融资额度多处于2万～5万元和5万～10万元两个区间，融资额度在20万元以上和10万元以上的比例分别仅为10.97%和23.98%，远低于借贷期望值的23.96%和58.01%（见表4.6），说明已获得借款农户的实际融资额度难以满足需求。综合两方面的调查结果不难得出，当前农户信贷需求的满足程度依旧偏低。

表4.6　　　　　　　　有资金需求农户的借贷需求满足特征

题目	选项	户数（户）	所占比例（%）	累积比例（%）
是否获得过借款	获得过借款	392	52.76	52.76
	未获得过借款	351	47.24	100
获得贷款的额度	20万元以上	43	10.97	10.97
	10万～20万元	51	13.01	23.98
	5万～10万元	116	29.59	53.57
	5万元以下	182	46.43	100

资料来源：笔者根据调查数据计算整理而得。

4.2.2 样本农户家庭资产价值状况分析

经济发展决定着农民收入水平，农民收入水平决定着农户家庭的资产积累状况。本书对重庆市 1046 户样本农户的调查结果发现，在 1046 户样本农户中，户均资产价值高达 35.36 万元①，有借贷需求农户的资产价值更是高达 35.83 万元。进一步推算，本次被调查农户家庭平均包括 4.3 人，以此计算，2013 年，我国农村地区共有 1.46 亿个农户家庭，农户家庭资产价值则高达 51.63 万亿元，即使按照城市一般抵押贷款的七折计算，通过推动农户家庭资产价值向金融价值转化最多也可为农村经济发展注入 36.14 万亿元的资金量，约占全年 GDP 的 63.54%。由此可知，在我国农村地区，经过多年的发展，广大农村区域已经积聚了种类繁多、规模巨大的各类资产，而且，伴随着农村经济的快速发展，农户家庭资产价值也将继续保持着较高的增长速度。规模巨大的资产价值为农户家庭资产金融价值开发奠定了良好的基础，同时也说明农户家庭资产价值向金融价值转化的潜力巨大。此外，根据调查结果还发现（见表 4.7），当前农户家庭资产主要由以下几种构成：

---

① 此处家庭资产的价值具体包括家庭承包地、宅基地、农村住房、城镇住房、经营性房屋、金融资产、交通运输工具、生产设施设备、家用电器，未包括各类在产品。在计算承包地和宅基地的价值时本书采用重庆市人民政府规定的征地补偿标准，也即承包地和宅基地分别按照每亩 1.8 万元和每亩 9.6 万元计算。城镇住房和经营性房屋直接采用农户购买时的价格。金融资产价值具体包括定期存款、活期存款、对外借款、投资性保险、股票，并直接采用当前的价值数额。农村住房、交通运输工具、生产设施设备、家用电器的价值采用的为现值，也即分别根据其建设年限或购买年限进行了折旧处理，折旧年限的选择结合国家规定的折旧年限范围以及作者实地调查过程中对农村的了解来确定，农村住房、交通运输工具、生产设施设备、家用电器的具体折旧年限分别为 40 年、15 年、15 年、10 年，对于未超出折旧年限的资产按照建设年限或购买年限进行平均折现处理，超出折旧年限的资产则视为现值为 0。之所以在计算农户资产总价值时没有将在产品的价值计算在内，是因为在产品的流动性和价值波动性太大，计算进入后可能会带来较大误差。

表 4.7 样本农户的家庭资产特征

项目	选项	户数（户）	占比（%）	项目	选项	户数（户）	占比（%）
土地	10 亩以上	135	12.91	宅基地	0.7 亩以上	89	8.51
	5～10 亩	395	37.76		0.5～0.7 亩	346	33.08
	2～5 亩	482	46.08		0.3～0.5 亩	553	52.87
	2 亩以下	34	3.25		0.3 亩以下	58	5.54
农村住房	10 万元以上	143	13.67	城镇住房	50 万元以上	14	11.76
	5 万～10 万元	329	31.45		30 万～50 万	15	12.61
	2 万～5 万元	401	38.34		10 万～30 万	68	57.14
	2 万元以下	173	16.54		10 万元以下	22	18.49
生产用房	10 万元以上	4	7.84	家用电器	1.5 万元以上	8	0.77
	5 万～10 万元	8	15.69		1 万～1.5 万	106	10.13
	2 万～5 万元	15	29.41		0.5 万～1 万	413	39.48
	2 万元以下	24	47.06		0.5 万以下	519	49.62
交通运输工具	10 万元以上	51	5.82	生产设施设备	10 万元以上	58	13.52
	5 万～10 万元	48	5.47		5 万～10 万元	44	10.26
	2 万～5 万元	114	13		2 万～5 万元	92	21.45
	2 万元以下	664	75.71		2 万元以下	235	54.78
金融资产	10 万元以上	256	24.47	规模种植在产品	10 万元以上	22	23.40
	5 万～10 万元	278	26.58		5 万～10 万元	24	25.53
	2 万～5 万元	268	25.62		2 万～5 万元	46	48.94
	2 万元以下	244	23.33		2 万元以下	2	2.13
规模养殖在产品	10 万元以上	26	59.09	自营工商业在产品	10 万元以上	59	56.73
	5 万～10 万元	11	25.00		5 万～10 万元	21	20.19
	2 万～5 万元	6	13.64		2 万～5 万元	17	16.35
	2 万元以下	1	2.27		2 万元以下	7	6.73
小规模种养业在产品	3 万元以上	39	4.62				
	1 万～3 万元	354	41.89				
	1 万元以下	452	53.49				

资料来源：笔者根据调查数据计算整理而得。

（1）土地①和宅基地是所有农户家庭资产的重要组成部分，且具有一定的抵押价值。土地方面，面积在 10 亩以上的农户占比为 12.91%，5 亩以上的农户占比累计达到 50.67%，即半数农户家庭拥有的土地在 5 亩以上，平均每户拥有的土地面积为 6.17 亩。宅基地方面，面积在 0.7 亩以上的农户占比为 8.51%，0.5 亩以上的农户占比累计达到 41.59%，平均每户拥有的宅基地面积为 0.44 亩。

（2）农村住房的价值不断提升，拥有城镇住房的农户已占较大比重。农村住房方面，伴随着农户收入水平的不断提高，农村住房的质量也在不断提高，现值相应也在提升。在 1046 户被调查农户中，有 143 户农户农村住房的现值在 10 万元以上，占比为 13.67%，5 万元以上的农户占比为 45.12%，也即近半数农户房屋的现值在 5 万元以上。除此之外，越来越多的农户倾向于购买城镇住房，且价值非常大。在被调查农户中，共有 119 户农户拥有城镇住房，比例达到 11.38%，且购买价格在 30 万元以上的比例为 24.37%，购买价格在 10 万元以上的比例更是高达 81.51%，平均购买价格高达 22.81 万元。生产用房方面，虽然拥有户数较少，但亦有 12 户农户的生产用房现值在 5 万元以上，具有一定的抵押价值。

（3）家用电器在农户中具有普遍性，但现值比较低。在被调查农户中，所有农户均有家用电器，现值所处区间最大的为 0.5 万元以下，其次为 0.5 万~1 万元，比例分别为 49.62%、39.48%，也即现值在 1 万元以上的比例仅为 10.9%，现值较低。

（4）拥有交通运输工具及生产设施设备的农户占比非常大，且部分资产现值较高，具有较大的抵押价值。交通运输工具方面，现值处于 10 万元以上和 5 万~10 万元之间的户数分别为 51 户和 48 户，即共 99 户农户的交通运输工具现值在 5 万元以上，累计占比为 11.29%。生产设施设备方面，现值处于 10 万元以上和 5 万~10 万元之间的户数分别为 58 户和 44 户，即共 102 户农户的生产设施设备现值在 5 万元以上，累计占比为 23.78%。说明，交通

---

① 此处的土地包括稻田、旱地、林地、草地等。

运输工具和生产设施设备在农户借贷过程中均具有较高的抵押价值。

（5）金融资产在农户中具有普遍性，且是农户家庭资产的重要构成部分。伴随着收入水平的不断提高，农户的金融资产也在不断增加，已成为农户家庭资产的重要构成部分，并集中体现为银行存款，少部分以对外借款的形式存在，股票、债券等有价证券基本没有。金融资产价值基本平均分布于10万元以上、5万～10万元、2万～5万元、2万元以下四个区间，也即近半数的农户拥有5万元以上的金融资产。

（6）在产品价值种类较多，规模种植养殖①以及自营工商业②在产品价值较大。在产品作为农户未来收入的核心来源，理应被视为农户家庭资产的一部分。而且伴随着农户从事职业的多元化，在产品种类也较多，价值也越来越大。调查发现，在众多在产品中，自营工商业和规模养殖在产品价值最大，平均价值分别达到29.2万元和23.94万元，价值在10万元以上的比例分别为56.73%和59.09%。其次为规模种植在产品，平均价值为5.25万元，价值在10万元以上和5万～10万元的比例分别为23.40%、25.53%。价值最小的是小规模种植养殖在产品，其平均价值只有0.92万元。

4.2.3 农户家庭资产金融价值转化状况

自部分地区实施"三权"抵押贷款以来，农户家庭资产金融价值转化得到了快速发展，也取得了非常大的成绩。归纳起来，当前，农户家庭资产价值向金融价值的转化具有以下几方面的特征：

（1）中央层面欲将农村资产金融价值转化作为破解农村融资难题之策。

---

① 结合重庆实际情况，本书将粮食作物种植面积在20亩以上，果园、蔬菜、花卉等经济作物种植面积在10亩以上，大棚蔬菜种植面积在5亩以上的农户视为规模种植农户。将生猪养殖规模年出栏50头以上，肉牛存栏20头以上，奶牛存栏5头以上，肉羊出栏50头以上，家禽养殖规模年出栏1000只以上，蛋禽养殖规模年存栏500只以上，兔养殖规模300只以上，蜜蜂养殖80箱以上的农户视为规模养殖农户。

② 自营工商业包括自营或参股加工业、商业、运输等服务业、采掘业、其他。

近些年，为了破解农村融资难题，中央层面实施了一系列优惠措施，但农民融资难的问题并没有从根本上获得解决。随着农村金融体制市场化改革的不断深入，各类农村金融机构均将利润最大化作为自身经营的首要目标，致使政府对农村金融市场的干预力度不断减弱。面对这一困境，近几年中央政府开始将提高农户自身的融资能力作为突破口，并致力于推动农村产权制度改革以及农户家庭资产价值向金融价值的转化。例如，2014 年《国务院办公厅关于金融服务"三农"发展的若干意见》提出各地要开展农村土地承包经营权抵押贷款试点；在此基础上，2015 年国务院又印发了《关于开展农村承包土地的经营权和农民住房财产权抵押贷款试点的指导意见》。

（2）通过家庭资产价值向金融价值转化获得融资的农户数量越来越多。如果说多年的资产积累使农户家庭资产已经具备了较大的金融价值开发潜力，那么，近几年政府出台的关于农村资产金融价值转化的系列政策及鼓励措施促使这种潜力得到了一定程度的开发，最直观的表现就是越来越多的农户通过资产价值向金融价值转化获得了借款。以重庆市为例，在被调查的 1046 户样本农户中，有 743 户有资金需求，392 户农户获得了借款，其中通过资产价值向金融价值转化获得借款的农户数量为 187 户。

（3）农户家庭资产价值向金融价值的转化主要依赖正规借贷渠道实现。近些年，伴随着农户资金需求量的不断增大，正规金融机构逐渐成为农户获取资金的首要选择，但相对于非正规借贷，正规金融机构与农户之间的信息不对称更为严重。在此形势下，通过资产抵押不仅可以有效解决信息不对称问题，还能获得更大额度的贷款，因此逐渐成为农户通过正规金融机构获取信贷的重要途径。基于重庆市的实地调查结果发现，在 187 户实现资产价值向金融价值转化的农户中，依赖正规借贷渠道实现资产金融价值转化的有157 户，而依赖非正规借贷渠道实现资产金融价值转化的农户数量仅有 30户，同时也说明，在我国农村地区，民间借贷依然以"亲戚""朋友"之间的信用借款为主。

（4）实现资产价值向金融价值转化的农户家庭资产的种类越来越丰富。长时期以来，贫困似乎已成了农户的代名词，农户家庭资产种类少、价值低也成了各界对农户的主观认识。因此，在过去，农户家庭资产的金融价值极少能够得到开发，大部分种类的资产都无法得到农村金融机构的认可。当前，伴随着农户家庭资产的迅速积累和政府推动力度的不断加大，开始有越来越多种类资产的金融价值得到开发。调查结果显示，在重庆市187户已经实现资产价值向金融价值转化的农户中，覆盖的资产种类包括家庭承包地、宅基地和农村住房、城镇住房及经营性房屋、金融资产、交通运输工具、生产设施设备、种植业在产品、养殖业在产品、非农业在产品等，也即目前的资产金融价值转化基本上覆盖了农户所有具有较高价值的资产。

（5）参与农户家庭资产价值向金融价值转化的金融机构数量越来越多。农户家庭资产价值向金融价值转化的顺利发展离不开大量金融机构的大力支持。长期以来，农村金融机构一直以农村地区的"抽血机"著称，不愿给农户发放贷款，更不愿接受农户的资产抵押。近些年，伴随着农户家庭资产的迅速积累和政府推动力度的不断加大，开始有越来越多的金融机构投入到农户家庭资产的金融价值开发领域。如不断降低农业贷款占比的中国农业银行重庆分行在2010~2012年间办理的农户资产抵押贷款额度分别为217亿元、257亿元、300亿元；作为城商行的代表，之前基本上不从事农户贷款业务的重庆银行在2010~2012年间办理的农户资产抵押贷款额度分别达到26.3亿元、30.4亿元、39.8亿元。[①]

4.3 农户家庭资产金融价值转化不充分问题考察

本节对农户家庭资产金融价值转化不充分问题考察从两个方面着手：一方面，是农户家庭资产价值向金融价值实际转化过程中存在的问题，也即直接考察；另一方面，考察家庭资产对农户借贷行为是否有正向促进作用，也即间接考察。

---

① 笔者根据中国人民银行重庆营管部相关数据整理。

4.3.1 农户家庭资产金融价值转化不充分的问题表现

伴随着近几年中央以及各地政府对农户家庭资产价值向金融价值转化重视程度的不断提高，农户家庭资产金融价值得到一定程度的开发。但相对于巨大的资产金融价值开发潜力，农户家庭资产金融价值转化效果依然欠佳。当前，农户家庭资产金融价值转化不充分集中体现在以下几个方面：

第一，农户资产金融价值转化只集中在少数几个试点地区，尚未大范围展开。现实生活中，农民收入的保障性非常差，作为农户家庭资产核心构成部分的耕地、宅基地、住房是大量低收入农村居民赖以生存的保障，受这一国情的影响，农户资产抵押长期以来都是比较敏感的话题。即使中央层面已经出台了一系列农村资产抵押支持政策，但各地政府和农村金融机构在具体实践中依然顾虑重重、不敢试水。虽然宁波、重庆等地在开展农户资产抵押贷款以来各方反映良好，贷款约束缓解作用明显，取得了诸多值得推广的经验，但从全国范围来看，当前我国农户资产抵押贷款实践依然只处于小范围示范阶段，尚未大范围展开，致使大量农村资产依然处于"沉睡"状态未被"唤醒"。

第二，在众多有资金需求农户中资产金融价值实现转化的农户数量占比较低。有资金需求且具备一定价值资产的农户能够通过资产价值向金融价值转化实现融资是衡量农户家庭资产金融价值转化水平的核心指标之一。过去几年，伴随着中央和部分地方政府对农户家庭资产价值向金融价值转化推动力度的不断加大，通过资产金融价值转化实现融资的农户数量由少变多，部分地区甚至呈现快速增长的态势。但总体来讲，当前的农户家庭资产金融价值转化还处于初始阶段，其发展水平与农村经济发展需求之间还存在着较大的差距，通过资产金融价值转化实现融资的农户数量偏少，致使农户的资金需求依然无法得到较好的满足。大量农户的资产价值无法实现向金融价值转化亦成为农户融资困境难以破解的重要制约因素。以重庆市1046户样本农户为例，在743户有借贷需求的样本农户中，仅有187户农户的家庭资产金融价值得到了开发，占比仅为25.17%（见表4.8），若将样本放大到全部样本农户，这一比例则只有17.88%。

表4.8 样本农户借贷需求、借贷行为及家庭资产金融价值转化

类别	题目	选项	户数（户）	所占比例（%）	累积比例（%）	均值（万元）
借贷需求	借贷期望值	20万元以上	178	23.96	23.96	—
		10万~20万元	253	34.05	58.01	
		5万~10万元	149	20.05	78.06	
		5万元以下	163	21.94	100	
借贷行为	实际借贷额度	20万元以上	43	10.97	10.97	9.87
		10万~20万元	51	13.01	23.98	
		5万~10万元	116	29.59	53.57	
		5万元以下	182	46.43	100	
农户家庭资产价值向金融价值转化	是否实现价值转化	实现价值转化	187	25.17	25.17	—
		未实现价值转化	556	74.83	100	
	资产价值向金融价值转化额度	20万元以上	48	25.67	25.67	13.73
		10万~20万元	45	24.06	49.73	
		5万~10万元	75	40.11	89.84	
		5万元以下	19	10.16	100	
	有资金需求农户家庭资产价值总额	50万元以上	81	10.9	10.9	35.83
		30万~50万元	226	30.42	41.32	
		10万~30万元	410	55.18	96.5	
		10万元以下	26	3.5	100	

资料来源：笔者根据调查数据计算整理而得。

第三，实现金融价值转化的资产价值占比较低，资产金融价值潜力开发不足。衡量农户家庭资产金融价值转化水平的第二个核心指标是资产价值向金融价值转化的潜力能够得到充分挖掘，也即实现金融价值转化的资产价值在农户家庭总资产价值中所占比例较高。伴随着农户家庭资产金融价值转化的不断发展，不仅通过资产价值向金融价值转化获得资金的农户数量在增多，与此同时，单一农户获得资金的数量也在增加。但与农户较大的资产价值相

比，目前的农户家庭资产金融价值转化并不充分，巨大的资产金融价值潜力并没有得到充分开发。同样以重庆市 1046 户样本农户为例，对于 743 户有借贷需求的样本农户，家庭资产价值处于 50 万元以上、30 万~50 万元两个区间的户数分别为 81 户和 226 户，占比分别为 10.9%、30.42%，资产价值在 10 万元以上的累计比例更是高达 96.5%，户均家庭资产价值亦高达 35.83 万元。而资产金融价值转化额度在 20 万元以上和 10 万元以上的累计占比分别仅为 25.67%、49.73%（见表 4.8），户均家庭资产金融价值转化额度也只有 13.73 万元，虽然高于农户平均借款额度 9.87 万元，但远低于户均家庭资产价值，占户均家庭资产价值的比例仅为 38.32%。若将所有样本农户考虑在内，户均家庭资产金融价值转化额度则只有 2.45 万元，也即户均有价值 33.38 万元的资产的金融价值未得到开发。根据此次被调查农户家庭平均包括 4.3 人推算，2013 年，重庆市有约 468.46 万个农户家庭，全国约有 1.46 亿个农户家庭。以此计算，2013 年重庆市有价值 1.56 万亿元的农户家庭资产的金融价值处于闲置未开发状态，全国则有价值高达 48.73 万亿元的农户家庭资产的金融价值处于闲置未开发状态，分别占重庆市及全国当年 GDP 的 123.26%、85.66%，农户家庭资产金融价值闲置规模大的触目惊心。具备一定资本价值的家庭资产无法全部实现价值转化，亦是农户借贷额度偏低并最终导致借贷需求满足程度不高的重要因素。

第四，实现金融价值转化的农户资产种类分布极不平衡，资产结构失衡严重。农户家庭资产金融价值开发的本质就是让所有具备一定价值的资产都能在农户融资过程中发挥作用，因此，衡量农户家庭资产金融价值转化水平的第三个核心指标是具备一定价值的资产都能够实现向金融价值的转化，也即各类资产的金融价值都能够得到开发。然而，受多种因素的影响，实践中的金融价值开发在众多资产种类中的分布极不平衡。岳传刚（2014）对重庆市"三权"抵押贷款的研究发现了"三权"抵押贷款品种之间的极不平衡，本书对农户家庭所有资产金融价值转化的研究同样发现了这一问题。在 187 户实现资产金融价值转化的农户中，有 157 户是通过正规金融渠道实现的。在 157 户通过正规金融渠道实现资产价值向金融价值转化的农户中，金融价值得到开发户数最多的两类资产为城镇住房及经营性房屋、宅基地和农村住房，分别为83户、31户，其中，价值较大而产权又清晰的城镇住房及经营性房屋占比为52.87%，也即半数以上资产金融价值得到开发的农户都是依赖城镇住房及经营性房屋，作为农户资产重要构成部分的承包地、金融资产则分别只有11户和9户实现了资产金融价值转化，交通运输工具、种植业在产品、养殖业在产品和非农业在产品则分别只有5户、2户、3户、1户（见表4.9）实现了价值转化，占比同样非常低。说明，当前的农户家庭资产金融价值转化仍然以房产、建设用地等传统抵押资产为主，承包地、流动资产等新型可抵押资产的金融价值开发不足。

表4.9 样本农户家庭资产价值向金融价值转化的资产分布

转化渠道	家庭承包地	宅基地和农村住房	城镇住房及经营性房屋	金融资产	交通运输工具	生产设施设备	种植业在产品	养殖业在产品	非农业在产品	其他资产
全部渠道	15	42	84	9	7	14	5	6	3	2
正规渠道	11	31	83	9	5	11	2	3	1	1
非正规渠道	4	11	1	0	2	3	3	3	2	1

资料来源：笔者根据调查数据计算整理而得。

4.3.2 农户家庭资产金融价值转化不充分的实证分析

上一节的分析认为，当前的农户家庭资产金融价值转化并不充分，农户资产金融价值转化的巨大潜力并没有得到充分开发，但这一结论是在对调查数据进行描述性统计分析的基础上得出的。描述性统计分析的缺点是其不能够反映这一结果是否具有随机性、普遍性和规律性，计量分析恰恰能够对其进行很好的弥补。第3章的理论分析认为，资产价值是影响农户能否获得借贷资金的重要因素，资产价值越大农户越容易通过各种借贷渠道实现融资。农户家庭资产金融价值转化的原理就是通过资产价值向金融价值的转化而帮助农户获得资金，而且在其他条件保持不变的情况下，这一转化能否成功很大程度上取决于资产价值的大小。因此，一般情况下，在农户家庭资产金融价值转化充分的市场上，资产价值与农户借贷行为之间的相关性非常大，农户资产价值是影响农户借贷行为的重要因素。为此，本节通过对家庭资产与农户借贷行为之间的关系进行回归分析来对农户家庭资产金融价值转化是否充分展开更深层次的论述，并通过回归结果来判断当前的农户家庭资产金融价值转化是否具有随机性、普遍性和规律性。如果资产价值是农户借贷行为的正向影响因素且显著，说明现实中农户资产在借贷过程中发挥着重要作用，进一步可推断农户家庭资产金融价值转化是充分的，反之，则说明农户家庭资产金融价值转化是不充分的。

4.3.2.1 模型设定与指标选择

（1）计量模型的选取及相关说明。

本书探讨的是家庭资产与农户借贷行为之间的关系，而农户的借贷行为一般只含两种结果，获得借款或者未获得借款，于是农户借贷行为就构成了一个二值离散变量。为此，本书在对两者之间的关系进行实证分析时选择学界常用的属于二项分布的 Probit 模型，并分别对家庭资产与农户整体借贷、正规借贷和非正规借贷之间的关系进行实证检验。模型的一般形式为：

$$Y_j^* = c_j + \alpha_{ji} X_{ji} + \mu_j \tag{4.1}$$

其中，$Y_j = \begin{cases} 1, & Y_j^* > 0，农户获得过借款 \\ 0, & Y_j^* \leq 0，农户未获得过借款 \end{cases}$

式（4.1）中，μ_j 是扰动项，服从标准正态分布。家庭资产影响农户借贷行为意愿的二元离散选择模型可以表示为：

$$\begin{aligned} \text{prob}(Y_j = 1 \mid X = x) &= \text{prob}(Y_j^* > 0 \mid x) \\ &= \text{prob}\{[\mu_j > -(c_j + \alpha_{ji} x_{ji})] \mid x\} \\ &= 1 - \phi[\mu_j > -(c_j + \alpha_{ji} x_{ji})] \\ &= \phi(c_j + \alpha_{ji} x_{ji}) \end{aligned} \tag{4.2}$$

式（4.2）中，ϕ 为标准正态累积分布函数，$j=1$，2，3，$i=1$，2，$\cdots$，n。Y_j^* 是不可观测的潜在变量，Y_j 为实际观测到的因变量，其中，Y_j 取值为 0 或 1，$Y_j=0$ 分别表示农户未获得过借款、未从正规金融机构获得过借款、未通过非正规渠道获得过借款，$Y_j=1$ 分别表示农户获得过借款、从正规金融机构获得过借款、通过非正规渠道获得过借款；x_{ji} 为自变量，其中包含影响农户借贷行为的家庭资产变量和控制变量[①]，α_{ji} 为家庭资产变量和控制变量的系数，c_j 为常数项。j 分别取 1、2、3，分别代表农户是否获得过借款，是否从正规金融机构获得过借款，是否通过非正规渠道获得过借款；n 代表自变量的个数。

（2）指标选择及定义。

前文将农户的家庭资产细分为 12 类，也即家庭资产变量共包含 12 个，分别为家庭承包土地、家庭宅基地、农村住房、城镇住房、生产用房、家用电器、交通运输工具、生产设施设备、金融资产、种植业在产品、养殖业在产品、自营工商业在产品。此外，为了提高模型的解释力度，本书借鉴王定祥等（2011），胡枫和陈玉宇（2012），梁爽等（2014）的研究结果，将可能对农户借贷行为产生重要影响的家庭基本特征变量无形资产[②]、户主的文化水平、家庭人口数、户主的年龄、户主年龄的平方、家庭年人均收入、非农业收入占家庭总收入的百分比作为模型的控制变量。各变量定义如表 4.10 所示。

表 4.10   **模型变量定义说明**

变量类型	变量代码	变量定义
被解释变量	Y_1	是否获得过借款：获得过借款 =1；未获得过贷款 =0
	Y_2	是否从正规金融机构获得过借款：获得过贷款 =1；未获得过贷款 =0
	Y_3	是否通过非正规渠道获得过借款：获得过借款 =1；未获得过借款 =0

---

① 家庭资产变量、控制变量的具体名称和定义在表 4.10 中给予了详细解释，为了避免内容上的重复，此处未对家庭资产变量和控制变量的名称及定义进行详细解释，具体请参照表 4.10。

② 实地调查发现，并没有农户回答有商标权、专利权等，因此，本书实证部分的无形资产仅包括农户社会资本，并进一步用年人情往来支出占家庭总支出比例来衡量农户社会资本价值。

续表

变量类型		变量代码	变量定义
解释变量	家庭资产变量	*Land_1*	家庭承包土地：家庭承包的稻田、旱地、林地、草地等面积总和
		Land_2	家庭宅基地：宅基地实际面积
		House_1	农村住房：家庭农村房屋现值
		House_2	城镇住房：家庭城镇房屋购买价格
		House_3	生产用房：家庭专门从事各类生产的房屋现值
		Appliance	家用电器：各类家庭常用电器现值总和
		Vehicle	交通运输工具：轿车、货车、摩托车、电动车等现值总和
		Equipment	生产设施设备：农业及非农产业设施设备价值总和
		Finance	金融资产：银行存款、股票、投资性保险等各类金融资产总和
		Planting	种植业在产品：上一年度种植业总产值
		Breeding	养殖业在产品：上一年度养殖业总产值
		Industrial	自营工商业在产品：上一年度自营工商业总产值
	控制变量	*Capital*	无形资产：年人情往来支出占家庭总支出比例
		Education	户主文化水平：小学及以下 =1；初中 =2；高中 =3；大专及以上 =4
		Population	家庭人口数
		Age_1	户主年龄
		Age_2	户主年龄的平方
		Income	家庭年人均收入
		Non-agri	非农业收入占家庭总收入的百分比

4.3.2.2 理论假设

基于上述理论分析，本书就家庭资产对农户借贷行为的影响提出如下假设：

假设 1：土地、宅基地对农户整体借贷、正规借贷和非正规借贷的影响均不明显。我国《物权法》第一百二十五条和第一百五十二条虽然分别规定"土地承包经营权人依法对其承包经营的耕地、林地、草地等享有占有、使用和收益的权利""宅基地使用权人依法对集体所有的土地享有占有和使用的权利"，也即从法律的层面对农户的用益物权进行了保护，但第一百八十四条又规定"耕地、宅基地、自留地、自留山等集体所有的土地使用权不得进行抵押"，而且我国《土地管理法》第六十二条规定"农村村民出卖、出租住房后，再申请宅基地的，不予批准"，因此，农民一旦失去宅基地，将会丧失基本生存条件，从而影响社会稳定（高圣平和刘萍，2009）。法律法规的制约使得农户的土地和宅基地不具备资本价值或者资本价值较低，金融价值难以进一步开发，因此，对农户借贷行为的影响不显著。

假设2：农村住房对非正规借贷的影响要显著于正规借贷，城镇住房和生产用房对农户整体借贷、正规借贷、非正规借贷均具有正向影响。农村住房方面：一方面受房地不可分离性以及流转市场尚未形成等因素的制约，农村住房难以在农户正规借贷过程中发挥重要作用；另一方面农村住房的生活性用途决定了其不会直接产生经济价值，因此，农户在进行建房融资时会优先考虑资金成本低（甚至没有成本）、手续简单、还款方式灵活的非正规借贷。城镇住房和生产用房方面：城镇住房和生产用房价值较大、产权清晰、容易变现而且抵押处置一般不会对农户基本生活产生较大影响，因此，比较容易受到贷款人的青睐，而且价值越大对借贷行为的促进作用越明显。

假设3：交通运输工具、生产设施设备、金融资产对农户整体借贷、正规借贷、非正规借贷均具有正向影响，家用电器对三类借贷行为的影响则不明显。交通运输工具、生产设施设备、金融资产均为农户家庭资产中价值较大的资产，且产权清晰、容易变现、社会伦理成本较低，因此，能够在农户借贷过程中发挥重要作用。家用电器由于价值普遍比较低，难以在农户借贷过程中发挥较大作用。

假设4a：种植业、养殖业、自营工商业在产品对三类借贷行为均具有正向影响。伴随着规模种植养殖业农户以及自营工商业农户数量的不断增多，在产品的价值也越来越大，而且其本身就是农户借贷的主要还款来源，变现后亦不会对农户生存构成威胁，因此，可能会对农户借贷产生正向促进作用。

假设4b：种植业、养殖业、自营工商业在产品对三类借贷行为的影响不明显。首先，在产品抵押属于新兴担保模式，对于担保创新力度较弱的农村金融市场，在产品抵押可能尚未得到农村金融机构以及非正规贷款人的广泛认可。其次，农户在产品虽然价值较大，但从开始生产到可以变现的时间段内面临着诸多风险，而且储藏成本较高，农村金融机构以及非正规贷款人可能不愿接受以此作为抵押品。

4.3.2.3 描述性统计及相关性分析

表4.11为各被解释变量和解释变量的描述性统计分析结果，本节分别从平均值、中位数、最大值、最小值、标准差五个方面对各变量的特征进行了统计分析。表4.12为解释变量之间的相关系数矩阵，由表中数据可知解释变量之间的相关系数较小，说明，解释变量之间存在着较小的共线性，可以忽略不计，同时也说明了本书所选择的解释变量具有较强的合理性。

表 4.11   **变量的描述性统计**

变量	均值	中位数	最大值	最小值	标准差
Y_1	0.5276	1	1	0	0.4996
Y_2	0.3284	0	1	0	0.4699
Y_3	0.2476	0	1	0	0.4319
$Land\_1$	6.8358	5	24.7	0	15.004
$Land\_2$	0.3400	0.3000	1.2000	0.1000	0.1612
$House\_1$	4.7303	3.8750	36.4733	0	4.3470
$House\_2$	4.3348	0	80	0	11.6183
$House\_3$	0.5418	0	10	0	5.9143
$Appliance$	0.5542	0.5063	1.6325	0	0.3218
$Vehicle$	0.7246	0.6705	1.8925	0	0.3806
$Equipment$	2.8220	0	368	0	20.9470
$Finance$	8.3402	5	190	0	15.08
$Planting$	1.9050	0.8325	75.38	0	4.9484
$Breeding$	2.7078	0.08	100.26	0	10.0726
$Industrial$	5.1986	0	450	0	34.8375
$Capital$	14.8267	12.3153	64.6552	0	11.4211
$Education$	1.8085	2	4	1	0.7345
$Population$	4.28	4	8	1	2.0604
Age_1	43.7812	41	63	20	12.1503
Age_2	2119.7935	1681	3969	400	904.314
$Income$	1.3857	1.25	30	0	7.7459
$Non\text{-}agri$	68.4476	80	100	0	34.9898

表 4.12

变量间的相关系数矩阵

变量	Land_1	Land_2	House_1	House_2	House_3	Appliance	Vehicle	Equipment	Finance	Planting	Breeding	Industrial	Capital	Education	Population	Age_1	Age_2	Income	Non-agri
Land_1	1																		
Land_2	0.0135	1																	
House_1	−0.06	0.0101	1																
House_2	0.0465	−0.0574	−0.017	1															
House_3	−0.0238	−0.0631	−0.0009	−0.0119	1														
Appliance	0.0388	−0.0271	−0.0233	0.028	−0.0251	1													
Vehicle	−0.0033	−0.0411	0.0143	−0.0017	−0.0567	0.8618	1												
Equipment	−0.0289	−0.0444	0.1586	−0.0484	−0.0116	−0.0337	−0.0537	1											
Finance	−0.0234	0.0384	0.0087	0.1675	−0.0264	0.0459	0.0578	0.1466	1										
Planting	0.0694	−0.069	−0.0877	0.0101	−0.0193	−0.0117	0.0178	−0.0363	0.0173	1									
Breeding	0.0921	0.1076	−0.0515	−0.0271	0.0201	0.0451	0.0998	−0.0184	0.0716	−0.0513	1								
Industrial	−0.0418	−0.0236	0.1308	−0.0481	−0.0137	−0.0258	−0.0045	0.1702	0.1512	−0.0332	−0.0389	1							
Capital	0.0614	−0.0201	−0.0267	−0.0465	−0.0786	0.0334	0.1214	0.1071	0.0134	−0.0454	0.0732	0.0964	1						
Education	−0.0799	−0.0868	0.1157	−0.0095	0.0027	0.087	0.1901	0.1255	0.0052	−0.0299	0.0172	0.1055	0.2088	1					
Population	0.055	−0.0125	−0.0457	0.1174	−0.0029	−0.0102	−0.0653	−0.0892	0.0295	0.0637	0.0023	−0.0348	−0.1122	−0.2234	1				
Age_1	0.0514	0.0017	−0.0734	0.0917	−0.027	−0.0099	−0.0851	−0.0788	−0.0123	0.0315	−0.0462	−0.0873	−0.1439	−0.1371	0.1342	1			
Age_2	0.0487	0.0129	−0.0656	0.0799	−0.0304	−0.0007	−0.077	−0.0771	−0.0135	0.0322	−0.035	−0.0878	−0.1314	−0.1189	0.1275	0.9899	1		
Income	0.0088	0.0594	0.1384	0.0216	0.0227	−0.0628	−0.0091	0.2085	0.1324	0.0017	0.1694	0.1375	0.1022	0.1158	−0.095	−0.0734	−0.0702	1	
Non-agri	−0.1173	−0.021	0.1454	0.1535	0.0091	0.0164	−0.0178	0.0671	0.075	−0.1803	−0.145	0.0714	0.1087	0.0814	0.0308	−0.0308	−0.0324	0.093	1

4.3.2.4 计量结果与分析

基于实地调查数据，本书利用 Eviews 6.0 就家庭资产对农户借贷行为的影响进行实证检验，计量分析结果如表 4.13 所示，根据表中数据可得到以下结论：

表 4.13　　　　计量模型回归结果（估计方法：ML – Binary Probit）

被解释变量		整体借贷 Y_1		正规借贷 Y_2		非正规借贷 Y_3	
解释变量		系数	z 统计值	系数	z 统计值	系数	z 统计值
家庭资产变量	Land_1	0.0078	1.6367	0.0056	1.5649	0.0027	0.8106
	Land_2	0.6366	1.2484	0.4428	1.0549	− 0.3366	− 0.6167
	House_1	0.0508 **	2.4587	0.0268	1.4417	0.0355 *	1.9450
	House_2	0.0449 ***	5.2740	0.0340 ***	4.4866	0.0150 **	2.2667
	House_3	0.2566 *	1.7415	0.0041	0.3461	0.0237	1.5436
	Appliance	− 0.3774	− 0.7432	− 0.2311	− 0.4728	0.6291	1.2050
	Vehicle	0.9041 **	2.0506	0.3319	0.7778	0.0026	0.0057
	Equipment	0.0094	0.6461	0.0035	0.6530	− 0.0046	− 0.8773
	Finance	− 0.0189 **	− 2.3527	− 0.0319 **	− 3.2749	0.0109 *	1.7481
	Planting	0.0256	1.0820	0.0351	1.4386	0.0179	1.0954
	Breeding	0.0235 ***	2.6792	0.0288 ***	3.4807	0.0104	1.1226
	Industrial	0.0812 ***	3.1706	0.0034	1.4295	0.0045	1.4925
控制变量	Capital	− 0.0037	− 0.0049	− 0.0075	− 1.0062	0.0155 **	2.0412
	Education	0.1505	1.0773	0.2665 **	1.9817	− 0.1214	− 0.8619
	Population	− 0.0006	− 0.0073	− 0.1030	− 1.2363	0.1440	1.5710
	Age_1	− 0.0551 ***	− 2.7197	− 0.0417 **	− 2.0949	− 0.0669 **	− 3.1563
	Age_2	0.0003	1.4627	0.0003	1.1930	0.0005 *	1.8850
	Income	− 0.0007	− 0.0703	0.0090	0.9639	− 0.0142	− 0.5549
	Non-agri	0.0033	1.2498	0.0024	0.9759	0.0016	0.5319

续表

被解释变量	整体借贷 Y_1	正规借贷 Y_2	非正规借贷 Y_3
McFadden R-squared	0.2882	0.2369	0.1898
Log likelihood	−364.4547	−373.3150	−333.7631
LR statistic	295.1828	160.5694	99.6481
Total obs	743	743	743

注：（1）对于农户，无资金需求必然无借贷行为，这是一个必然事件，如果将这部分农户加入计量模型，不符合计量分析对数据的随机性要求，因此，为了提高实证结果的准确性，本书借鉴王定祥等（2011）的研究方法，首先将没有资金需求的农户剔除。（2）***、**、* 分别表示在1%、5%、10%的水平下显著。（3）整体借贷 $Y_1 = 0$ 时样本数为351个，$Y_1 = 1$ 时样本数为392个；正规借贷 $Y_2 = 0$ 时样本数为499个，$Y_2 = 1$ 时样本数为244个；非正规借贷 $Y_3 = 0$ 时样本数为559个，$Y_3 = 1$ 时样本数为184个。

（1）土地、宅基地在三个模型中的系数虽然大都为正，但均没有通过检验，也即土地、宅基地虽然对农户借贷行为有一定的促进作用，但这种促进作用并不明显，与第3章的理论假设1相符。说明，当前承包土地和宅基地的金融价值未得到深入开发。

（2）农村住房分别在5%和1%的显著性水平下通过对整体借贷行为和非正规借贷行为的检验，但对正规借贷行为的影响不显著，说明，伴随着农村住房价值的提高，农户获得借款的可能性越大，但这种获得性的提高主要体现在非正规借贷上。城镇住房分别在1%、1%和5%的显著性显著性水平下通过了三个模型的检验，且系数均为正，说明价值较大、产权清晰、流转容易的城镇住房无论是在正规借贷市场还是非正规借贷市场均受到了贷款者的青睐，拥有城镇住房的农户无论从正规借贷渠道还是非正规借贷渠道都更容易获得融资。生产用房虽然在三个模型中的系数均为正，但仅在10%的显著性水平下通过了对整体借贷行为的检验，在正规借贷行为和非正规借贷行为分类检验中均不显著，说明生产用房在农户借款中虽然能发挥一定作用，但作用有限。

（3）家用电器和生产设施设备在1%、5%和10%的显著性水平下均没有通过对整体借贷行为、正规借贷行为和非正规借贷行为的检验，说明在农户借贷过程中，家用电器和生产设施设备均不是贷款者进行贷款决策的重要考虑因素。交通运输设备在5%的显著性水平下通过了对农户整体借贷行为的检验，且系数为正，但在正规借贷模型和非正规借贷模型中均未通过检验，说明交通运输设备对农户融资有正向促进作用，交通运输设备价值越大，农户越容易获得融资，但对农户的融资渠道并无明显影响。

（4）金融资产分别在5%、1%和10%的显著性水平下通过了三个模型的检验，但在前两个模型中的系数为负，与理论假设3不符，第三个模型中的系数为正，也即金融资产对农户借贷整体行为有负向影响，但这种效应主要呈现在对正规借贷行为的影响上，对非正规借贷行为依然有正向影响。之所以对正规借贷行为的影响为负，可能的原因如下：农户的金融资产主要表现为银行存款，而银行存款多的农户虽然理论上更容易获得贷款，但是由于作为内源性融资的存款对信贷资金具有一定的替代和挤出效应，迫使农户信贷资金的需求表达（也称申请贷款）并不强烈（何明生和帅旭，2008），最终呈现为金融资产越多的农户获得的贷款反而越少。

（5）种植业在产品在三个模型中均没有通过检验，也即其对农户借贷行为并没有明显影响。养殖业在产品分别在10%的显著水平下通过了对农户整体借贷行为和正规借贷行为的影响，也即养殖业在产品价值越大，农户越容易获得融资，但这种效应仅表现在正规借贷行为中，这也从侧面说明了在众多在产品中，正规金融机构对养殖业在产品更认可。自营工商业在产品仅在10%的显著水平下通过了对农户整体借贷行为的影响，且系数为正，说明，自营工商业在产品价值越大，农户越容易获得融资，但其对农户融资渠道并无明显影响。

（6）控制变量中，无形资产变量在5%的显著性水平下通过了对农户非正规借贷行为的检验，且系数为正，但对农户整体借贷行为以及正规借贷行为的影响不显著，也即无形资产是决定农户能否获得非正规借贷的重要影响因素，无形资产价值越高，农户越容易获得非正规融资。一方面说明，在基于地缘、血缘、亲缘关系的农村熟人社会结构中，基于习俗、惯例等传统非正式制度的无形资产能够发挥"隐性担保机制"（Besley & Coate，1991）作用；另一方面说明面临信息不对称的正规金融机构虽然也将无形资产作为是否向农户发放贷款的重要参考因素，但起决定性作用的依然为有形资产抵押。

（7）控制变量中，户主文化水平在5%的显著性水平下通过了对农户正规借贷行为的检验，即户主文化水平越高越容易获得正规金融机构贷款。户主年龄分别在1%、5%、1%的显著性水平下通过了三个模型的检验，而年龄的平方仅在10%的显著性水平下通过了对非正规借贷行为的检验，计量分析结果并没有得出户主年龄对农户借贷行为的影响为倒U形结果的结论，户主年龄对家庭借贷行为的影响为线性负向关系，也即户主年龄越小家庭越容易获得融资。家庭年人均收入以及非农收入占家庭总收入的比例均未通过三个模型的检验，说明其并不是影响农户借贷行为的重要因素。

上述计量分析结果显示，大部分资产对农户借贷行为的正向促进作用不显著，正规借贷模型中只有城镇住房和养殖业在产品通过了检验，非正规借贷模型中只有农村住房、城镇住房和金融资产通过了检验。大量高价值资产变量没能通过检验说明农户家庭资产金融价值转化并不具有随机性、普遍性和规律性，广大普通农户依然难以通过资产价值向金融价值转化实现融资，这也进一步说明了目前的农户家庭资产金融价值转化并不充分。

4.4 本章小结

本章首先介绍了我国农户家庭资产金融价值转化的演变历程、数据来源和样本基本特征，接着对农户借贷需求及满足状况、农户家庭资产状况、农户家庭资产金融价值转化状况进行了分析，在此基础上，总结了当前农户家庭资产金融价值转化过程中存在的问题，并运用 Probit 模型，对农户家庭资产金融价值转化不充分的问题展开了进一步论证。

通过对调查数据进行分析得出以下结论：第一，收入方面，虽然大部分农户依然从事种植养殖业，但半数以上农户的家庭收入主要依赖非农收入，且家庭收入水平已明显提高。第二，借贷需求方面，农户对资金的需求依然旺盛，并以生产性用途为主，而且由于从事自营工商业、规模养殖业和种植业的农户已占较大比重，导致农户对资金需求的额度在逐步增大。第三，借贷满足方面，经过多年的农村金融改革，正规金融机构已成为农户获取借贷资金的主要渠道，且信贷资金主要用于从事生产，但农户借贷需求的整体满足度非常低，集中体现为有借贷需求农户获得融资的比例较低以及获得的融资额度难以满足需求。第四，资产价值构成方面，在我国农村地区，经过改革开放 40 多年的发展，广大农村区域已经积聚了种类繁多、规模巨大的各类资产，户均资产价值高达 35.36 万元，并以土地、宅基地、房屋、交通运输工具、金融资产等资产为主，规模巨大的资产价值不仅证明了农户家庭资产价值向金融价值转化的潜力巨大，同时也为资产金融价值的转化奠定了良好的基础。第五，资产金融价值转化方面，当前，伴随着农户家庭资产价值的迅速增长和各级政府对农户家庭资产金融价值转化的大力推动，农户家庭资产金融价值转化的潜力已经得到了一定程度的开发。但相对于巨大的资产金融价值转化潜力，当前的资产金融价值转化并不充分，并集中表现为：农户资产金融价值转化只集中在少数几个试点地区，尚未大范围展开；在众多有资金需求农户中资产金融价值实现转化的农户数量占比较低；实现金融价值转化的资产价值占比较低，资产金融价值潜力开发不足；实现金融价值转化的农户资产种类分布极不平衡，资产结构失衡严重四个方面。

计量分析结果显示：农村住房、城镇住房、生产用房、交通运输工具、养殖业在产品、自营工商业在产品对农户整体借贷行为方面有显著正向影响，然而，对正规借贷行为有显著正向影响的只有城镇住房和养殖业在产品，对非正规借贷行为有显著正向影响的亦只有农村住房、城镇住房、金融资产三类。大量高价值资产变量没能通过对农户借贷行为尤其是对资产依赖度较高的正规借贷行为的检验，表明资产价值与农户借贷行为尤其是正规借贷行为的相关性不大，农户家庭资产金融价值转化并不具有随机性、普遍性和规律性，广大普通农户依然难以通过资产价值向金融价值转化实现融资，进一步说明了目前的农户家庭资产金融价值转化并不充分。

本章的研究认为，伴随农村市场经济发展和农民收入水平的提高，农户高价值资产的种类和数量都在不断增加，资产金融价值转化潜力很大，但现实中农户家庭资产金融价值转化不充分，进一步挖掘农户家庭资产金融价值转化潜力对破解农村融资难题至关重要。

农户家庭资产金融价值转化
不充分的原因分析*

　　分析问题的原因是解决问题的关键。上一章内容对农户家庭资产的金融价值转化问题及转化不充分的具体表现进行了研究，本章将就导致农户家庭资产金融价值转化不充分的原因进行深入研究。农户家庭资产价值向金融价值的转化是多种因素相互作用的动态过程。对于农户家庭资产金融价值转化不充分原因的分析采取定性分析和定量分析相结合的方式，首先从政府扶持、法律制度、市场环境、金融机构、微观农户五个视角进行定性分析，然后从微观视角进行定量分析。

5.1　农户家庭资产金融价值转化不充分的
##　　　原因：定性分析的视角

　　定性分析是对事物进行"质"的方面的分析，具体来讲是指运用归纳和演绎、抽象和概括等方法，对现在资料进行去粗取精、去伪存真、由表及里

　　* 本章第 5.2 节全部内容已被《中国农村经济》采用，特别感谢《中国农村经济》编辑与审稿人提出的宝贵修改意见和有益评论。

的思维加工，以此达到认识事物本质、揭示事物内在规律的目的。

5.1.1 农户家庭资产金融价值转化不充分的原因：基于政府扶持视角

农户家庭资产价值向金融价值转化离不开政府的大力支持，这是由农户家庭资产金融价值转化本身的属性决定的。近几年，虽然从中央政府到地方政府都在逐步加大对农户家庭资产价值向金融价值转化的支持力度，但仍然不足，并成为导致农户家庭资产金融价值转化不充分的重要因素。

（1）政府对家庭资产价值向金融价值转化的引导作用待提高。农户家庭资产价值向金融价值转化意味着尘封已久的大量农村资产可以在很大程度上根据其市场价值进行流转、交易，这不仅需要颠覆长期以来人们对农村资产的传统认识，更涉及到农户、农村金融机构、政府、农村集体经济组织等多方利益，因此，若没有地方政府的牵头及引导，农户家庭资产价值向金融价值转化只能是纸上谈兵。当前，政府的引导作用不足主要体现在：第一，在农户家庭资产价值向金融价值转化的早期，大部分地方政府并没有参与到农户家庭资产金融价值转化的具体实践，导致农村金融机构等市场主体亦不愿主动挖掘农户家庭资产金融价值的潜力。第二，基层政府对本区域产业发展规划不足。农户家庭资产价值向金融价值转化对地方经济发展有较强的依赖性，产业发展越好，资产的经济效益越大，农户家庭资产价值向金融价值转化就越容易。当前，部分地区因为缺乏合理的产业发展规划，导致农户家庭资产的资本价值难以得到认可，如因为农业发展落后、收益低，导致大量农户的土地出现撂荒现象，土地流转困难，土地的金融价值难以得到开发。

（2）农户家庭资产价值向金融价值转化的文件及细则不完善。农户家庭资产价值向金融价值转化涉及资产所有权或使用权的短暂或长期出让，关系到农民、农村金融机构以及其他参与经济主体的切身利益。因此，农户家庭资产价值向金融价值转化需要相关政府文件以及资产抵押、流转、拍卖等细则的指导，没有这些文件及细则的出台，各经济主体参与到农户家庭资产价值向金融价值转化的积极性必然会大幅降低。为了加快推动农户家庭资产价值向金融价值转化，中央层面近些年不断出台相关文件，但大部分地方政府依然没能在中央文件的指导下出台推动农户家庭资产价值向金融价值转化的具体文件及细则，致使广大农村地区的农户家庭资产价值向金融价值转化"无法可依"，农村金融机构或其他经济主体不敢、亦不能接受农户资产，最终导致农户家庭资产价值向金融价值转化进程缓慢。

（3）确权颁证登记工作进展缓慢制约了土地和房屋的金融价值转化。第一，确权颁证工作进展缓慢。归属清晰、权责明确是现代产权制度的核心内容。通过颁发证书可以明确资产所有者拥有的对资产行使占有、使用、收益、处分的权利。长期以来，中央政府只是对农户所拥有土地和房屋的权利进行了规定，但并没有颁发证书，导致作为农户家庭核心资产的土地和房屋价值长期得不到市场认可，无法进行市场交易，并最终导致农户家庭资产金融价值转化不充分。调查数据显示，仅有低于20%的农村家庭承包地、林地得到了确权颁证，即使是产权相对明晰的房屋和宅基地，也有超过25%的仍未得到法律确认。虽然中央在2014年提出了要在5年内对农村土地进行确权颁证，但目前各地方的确权颁证工作进展依然较慢。第二，农村资产登记服务缺失。资产登记不仅可以保护资产所有者的合法权益，还是保护另一交易方合法权益的重要手段。近几年，虽然中央政府在不断加大推动农村集体资产登记工作的力度，但各地的资产登记服务工作依然进展缓慢，一些农村地区甚至是基本上处于空白状态。农村资产登记服务的不足一定程度上降低了农户财产权的保护力度，制约了农户家庭资产价值向金融价值转化潜力的挖掘。

（4）政府对农户资产价值向金融价值转化的保障水平比较低。相对于城市居民，农户家庭的基本生活对现有资产的依赖度较高，强制性资产流转甚至会危及农民的基本生存，这一特征决定了农户家庭资产价值向金融价值转化需要政府提供相应的保障。当前，政府对农户家庭资产价值向金融价值转化的保障水平较低亦是导致当前农户家庭资产金融价值转化不充分的重要因素。首先，农村家庭资产抵押的风险分散补偿机制不健全。对于办理农户资产抵押贷款的农村金融机构，政府在其进行抵押权处置时提供的保障不足，导致农村金融机构难以对抵押资产进行处置，并不愿继续办理农户资产抵押贷款。其次，农村社会保障体系建设落后，农民的生活保障能力较弱，基本生活对现有资产的依赖度较大，导致农村金融机构因担心危及农民基本生存而不能对抵押资产进行强制性处置。最后，对农户家庭资产价值向金融价值转化过程中出现的冲突纠纷的处置力度不足，导致面临合同纠纷或冲突的农户及其他经济主体无法得到有效缓解。

5.1.2　农户家庭资产金融价值转化不充分的原因：基于法律制度视角

（1）土地和宅基地的权能残缺导致农户固定资产难以实现资产金融价值转化。土地和宅基地的权能残缺表现为两个方面，一是资产流转的期限，二是对受让方的限制。对于土地，我国《物权法》第一百二十六条规定"耕地的承包期为三十年，草地的承包期为三十年至五十年，林地的承包期为三十年至七十年"；但《物权法》第一百二十八条又规定"土地承包经营权人有权将土地承包经营权采取转包、互换、转让等方式流转，流转的期限不得超过承包期的剩余期限"。流转期限的限制会让从事农业产业化经营的受让方产生一定的顾虑，进而影响到土地承包经营权的价值，阻碍了土地承包经营权价值向金融价值的转化。对于宅基地，国土资源部在《关于加强农村宅基地管理的意见》第十三条规定"严禁城镇居民在农村购置宅基地，严禁为城镇居民在农村购买和违法建造的住宅发放土地使用证"，由此可看出，宅基地使用权不能以合法方式流向集体成员以外的人（陈小君和蒋省三，2010）。对受让方的限制一定程度上限制了宅基地流转，再加上宅基地与农民房屋的一体性特征，致使宅基地和房屋难以实现资产金融价值转化。

（2）土地和宅基地禁止抵押规定导致农户固定资产的抵押价值难以得到开发。法律规定是决定农户家庭资产价值向金融价值转化的重要因素。《物权法》第一百二十五条和第一百五十二条虽然分别规定"土地承包经营权人依法对其承包经营的耕地、林地、草地等享有占有、使用和收益的权利"

"宅基地使用权人依法对集体所有的土地享有占有和使用的权利",也即从法律的层面对农户的用益物权进行了保护,但《物权法》第一百八十四条又规定"耕地、宅基地、自留地、自留山等集体所有的土地使用权不得进行抵押"。法律上的禁止性规定导致了作为农村家庭资产核心构成部分的耕地、宅基地、林权、农村房屋等产权长期低效运行,成为导致农户家庭资产金融价值转化不充分的重要因素。

(3)法律确认不足是导致农户投资形成资产金融价值转化不充分的重要因素。农户家庭资产价值向金融价值转化意味着农户将自身家庭资产的处置权和优先受偿权暂时让渡给贷款者,以保证农户在约定期限未能偿还贷款的情况下贷款人能够拍卖或变卖,而实现这一切均要依赖一个基本条件——农户对家庭资产拥有清晰的产权。因此,现实中,家庭资产产权的法律确认状况亦是影响农户家庭资产价值向金融价值转化的重要因素,家庭资产产权法律确认越清晰,资产价值向金融价值转化的可能性越大。科斯(Coase,1990)曾经说过:"如果没有建立土地产权,任何人都可以占用一块土地,那么显然将发生很大的混乱。产权建立以后……混乱消失了"。盛洪(2003)认为产权制度的价值在于它能够避免人们因争夺产权而付出过高的代价和因产权未定带来的资源配比的机会损失,因此较之于没有产权制度,产权制度是优越的。对于产权明确的资产其可以通过市场的自由竞争进行交易,而且一般情况下,通过市场自由交易产权能够流转到最有效率的一方,从而推动社会财富和福利水平的增加。科斯(Coase,1960)曾断言:"在交易费用为零的条件下,无论产权如何界定,经济个体之间的自由交易会最终会实现资源的最佳配置"。因此,农户家庭资产价值要实现向金融价值的转化必须首先对资产进行产权界定,也即法律确认。但现实实践中,并不是所有农村家庭资产都进行了法律确认,具有典型代表性的农户投资形成的资产为现代农业设施、畜禽养殖圈舍、库房等。伴随着农村经济的发展,从事现代农业和规模养殖的农户越来越多(如在本书调查的样本农户中,从事现代农业和规模养殖业的农户数量分别为16户和63户),现代农业设施、畜禽养殖场设施的资产价值越来越大,但受产权确认不足的限制,致使这部分资产的资产价值难以实现向金融价值的转化，进而影响到农村整体的资产金融价值转化。

5.1.3 农户家庭资产金融价值转化不充分的原因：基于市场环境视角

（1）农户资产抵押配套服务不完善。农户家庭资产价值向金融价值转化离不开完善的资产抵押配套服务的支撑。当前，农户家庭资产价值向金融价值转化不充分与市场配套服务不完善密切相关。市场配套服务的不完善性集中体现在以下三点：第一，农户家庭资产价值评估服务机构缺失。农户家庭资产金融价值转化的前提条件之一是要明确资产价值的大小。受地理区位、资产种类、使用年限等多种因素的影响，不同种类农户资产以及同一种类农户资产的价值大小亦不同，再加上农村地区居民文化水平相对较低，资产评估能力有限，难以对各种资产形成合理的估价，因此，农户家庭资产价值向金融价值转化依赖于资产评估机构提供的专业化资产评估服务。然而，目前我国农村地区极少有资产评估机构存在，现有的资产评估大都是靠农村金融机构的内设部门或者交易双方协商而定，资产评估服务机构的缺失显然不利于保障交易双方利益的公平性，更不利于农户家庭资产金融价值的大范围转化，成为农户家庭资产金融价值转化不充分的重要因素之一。第二，不良资产处置机构缺失。不良资产处置机构缺失是制约资产抵押路径农户家庭资产金融价值转化的重要因素。对于当前的农户抵押贷款，农村金融机构抵押权的实现基本依靠自身来对抵押资产进行处置，这在很大程度上会增加农村金融机构的经营成本，降低农村金融机构开发农户家庭资产金融价值的积极性。

（2）农村地区金融生态环境比较差。在以利润最大化为核心的农村金融机构贷款模式中，较差的金融生态环境会促使农村金融机构提高抵押资产的门槛，从而使更多农户家庭资产价值无法实现向金融价值的转化。农村金融生态环境的不良主要体现在：第一，部分农户信用意识较差，导致主观信贷违约比例较高。一方面，因为部分农户尚未意识到信用的价值所在，在偿还贷款的压力出现的时候选择了违约，信贷违约又容易引发"羊群效应"，最终，少部分的农户违约造成了较差的农村金融生态环境；另一方面，违约惩罚制度的不健全，亦是导致农村金融生态环境较差的一个重要因素。第二，农户信用信息采集和信用等级评价工作尚未展开，农户信用信息数据库尚未建立，导致农村金融机构和农户之间信息不对称较严重。第三，缺乏培育优质客户的战略眼光，使许多拥有良好发展前景项目但资产难以达到农村金融机构贷款门槛的农户得不到信贷支持，导致优质客户数量增长缓慢。

（3）农村资产金融价值转化氛围未形成。农村资产金融价值转化氛围未形成是导致参与农户家庭资产价值向金融价值转化的各经济主体积极性不高的重要因素。农村资产金融价值转化尚未形成良好氛围的原因主要有以下几点：第一，我国《宪法》《物权法》《土地管理法》等相关法律法规对土地、宅基地等农户核心资产的流转限制非常严格，致使这些资产的流转长期以来都处于被禁止状态，也让人们形成了农户资产不可买卖的思想意识，虽然现在从中央政府到地方政府都开始鼓励农户家庭资产流转，但要想使各方彻底转变思想意识还需要较长的路要走。第二，农户的土地和宅基地是伴随着农民的特殊身份而获取的，并没有付出成本，正是因为如此，其作为资产的属性容易在市场竞争中被忽视。第三，统一规范的农户家庭资产流转市场尚未形成。由于农户居住分散，各交易主体相距较远，沟通渠道欠缺，交易各方难以有效衔接，因此，农户家庭资产顺利流转需要一个统一规范的市场。然而，当前建有资产流转机构或市场的农村地区非常少，成为阻碍农户家庭资产价值向金融价值转化的重要因素。

5.1.4 农户家庭资产金融价值转化不充分的原因：基于金融机构视角

（1）农村金融机构在农村的资金投放力度小。改革开放以来，随着城镇化进程的不断加快和市场经济体制改革的不断深入，二元经济结构特征越明显，城乡经济发展差距越来越大，资金要素在城乡之间的流动性越来越强。此外，金融机构的股份制改革使农村金融机构逐渐演变成为自负盈亏、自担风险的商业性金融机构，服务三农的动机越来越弱，利润最大化逐渐成为最主要经营目标。相对于农村地区，城市地区对资金的需求量更大，资金投放的收益更高、风险更小，因此，伴随着城镇化进程的不断加快，农村金融机构为了追逐更多的利润，开始将大量从农村地区吸收的存款投向城市信贷市场，导致农村资金的短缺严重（Huang Jikun et al.，2003），大量农村资金的外流也降低了农村金融机构在农村地区信贷投放的压力和动力，使得大量农户家庭资产金融价值转化的机会越来越少。

（2）农村金融机构抵押贷款模式创新力度弱。同城市资产金融价值转化一样，农户家庭资产价值向金融价值转化同样需要农村金融机构不断进行抵押贷款模式创新。但现实实践中，农村金融机构抵押贷款模式创新力度较弱，并成为导致大量农村家庭资产的金融价值得不到充分开发的重要因素，尤其是对于大量价值较大的新型流动资产。农村金融机构抵押贷款模式创新力度弱主要体现在：第一，农村金融机构贷款担保制度规定过严，基层营业网点进行资产抵押贷款产品创新的权限较小，致使部分农村金融机构无法根据当地的资产特征和经济发展状况进行资产抵押贷款运营。第二，基层营业网点害怕承担风险，不敢进行资产抵押贷款创新。第三，地方政府以及上级金融机构对基层营业网点的激励力度较弱，基层信贷人员进行担保创新的动力不足。

（3）农村金融机构的人才队伍建设比较落后。农村金融机构人才队伍建设落后、基层营业网点的从业人员专业素质相对较低同样是导致目前农户家庭资产金融价值转化不充分的重要因素。人才队伍建设落后对农户家庭资产金融价值转化的制约主要通过三个渠道：第一，资产抵押贷款产品的创新力度较弱。资产抵押贷款产品的创新属于知识密集型的工作，该项工作的展开对从业人员的专业知识和创新意识均有较高的要求，若人才队伍建设落后显然无法顺利完成该项工作。第二，已有资产抵押贷款产品的营销能力较弱。除了贷款产品创新，对于如何将现有资产抵押贷款产品营销好，同样需要较高的专业技术知识。第三，项目评估和信贷管理能力较弱。在资产抵押贷款中，抵押资产的功能是防范信贷违约风险，但抵押权实现是信贷的第二还款来源，在实际信贷过程，如何确保第一还款来源按时还款是金融机构健康运转的关键。但在当前人才队伍建设落后的情况下，农村金融机构基层营业网点过于重视作为第二还款来源的抵押资产的价值，导致对抵押资产的要求过高，农户家庭资产价值向金融价值转化不足。

5.1.5 农户家庭资产金融价值转化不充分的原因：基于微观农户视角

（1）资产本身的价值偏低且存在不确定性。根据第3章农户家庭资产价值与资产金融价值转化的关系分析发现，一方面，农户家庭资产价值能否实现向金融价值转化与资产价值大小密切相关，且资产价值越大，实现资产价值向金融价值转化的可能性就越大。因此，虽然当前农村地区已经积累了价值足够大的资产，但由于农户内部存在着贫富差距，导致贫困型农户和维持型农户家庭的资产价值相对偏低，在产权交易市场上以及信贷抵押市场上得到的青睐较少，从而导致农户家庭资产金融价值转化不充分。另一方面，资产价值的不确定性亦会带来一定的风险，不利于农户家庭资产金融价值转化，如对于城镇化进程引起的土地、宅基地等固定资产升值，农户为了维护自身利益可能会故意选择违约或者做出赖账行为，从而损害对方的利益，成为农户家庭资产金融价值转化的潜在风险。

（2）户主自身素质偏低。农户作为一个独立的生产消费主体，其生产行为、消费行为和信贷行为均受户主行为的影响明显。通过分析户主自身素质，一定程度上可以预判农户的经济行为，进而判断农户贷款风险的大小。在贷款额度和家庭资产既定的条件下，农户贷款预期风险的大小又决定了农户家庭资产能否被农村金融机构接纳抑或在多大程度上被接纳，因此，农户户主素质亦是影响农村家庭资产价值向金融价值转化的重要因素。

（3）农户收入水平较低且不稳定。以资产抵押路径为例，对于有抵押品的贷款来说，贷款所投项目的未来收入为第一还款来源，抵押品的折现收入为第二还款来源。但大量实践证明，无论是城市企业贷款还是农户贷款，受变现难、执行难等多种因素的干扰，借款人所提供的抵押品都难以实现贷款的零风险，第二还款来源都只能起到必要的补充作用，准确分析和判断借款人的第一还款来源才是有效防范信贷风险的根本。但与企业不同，农户的收入来源较多且难以进行细分，因此，一般情况下，农户的所有家庭收入均作为贷款的第一还款来源。所以，农户收入水平会对家庭资产价值向金融价值转化产生重要因素，在收入水平不高且收入来源不稳定的情况下，农村金融机构自然不愿办理农户资产抵押贷款。

（4）农户社会资本偏少。社会资本是农户的重要资源，其基础和载体是社会关系网络（张改清，2008）。农户社会资本主要通过两个渠道对农村家庭资产价值向金融价值转化产生影响：一是社会资本能够向农村金融机构传递其所需求的农户信息，从而降低农村金融机构搜寻信息和监督农户信用行为的成本，改善其与农户之间的信息不对称状况。二是社会资本可以弥补农户抵押品不足的缺陷（童馨乐等，2011）。以小农家庭的"地缘"和"血缘"为核心拓展开来的农村圈层社会结构实质上是一种熟人社会，在这种社会结构中农户格外重视起社会声誉，因为一旦声誉受损，农户可能面临在未来得不到来自社区内其他成员提供的融资等各种帮助的损失，这种来自组织内部的隐形社会压力使得社会资本具有类似抵押品的功能（Biggart & Castanias，2001）。由上述两个渠道的影响可知，在贷款额度和家庭资产不变的情况下，社会资本会促使农户资产更容易被农村金融机构接受抑或降低门槛接受，也即拥有更多社会资本的农户更容易实现资产价值向金融价值转化。因此，当前农户家庭资产金融价值转化不充分的又一个可能原因是农户社会资本偏少。

5.2 农户家庭资产金融价值转化不充分的原因：微观定量分析视角

定量分析是依据统计数据，在建立数学模型的基础上，对数量关系与数量变化进行分析的方法，它可以使定性分析更加科学、准确。在定量分析方法中，计量分析是最为重要的方法之一。本节在前文定性分析和实地调查数据的基础上，对影响农户家庭资产价值向金融价值转化的因素进行计量分析。但由于计量分析对数据有两大基本要求：数据随机性和个体差异性，因此，在进行计量分析时无法对影响农户家庭资产价值向金融价值转化的宏观因素进行检验。为此，本节的计量分析以与农户相关的变量为视角，也即只对影响农户家庭资产价值向金融价值转化的微观因素进行检验。

5.2.1 农户家庭资产金融价值转化不充分的模型设定与指标选择

5.2.1.1 计量模型的选取及相关说明

本节的计量分析以农户家庭资产价值是否向金融价值转化为因变量，研究各影响因素如何影响农户的家庭资产价值向金融价值转化。在农户有借贷需求时，农户家庭资产价值是否向金融价值转化只有两种结果，即"实现了价值转化"和"没有实现价值转化"。于是农户家庭资产价值是否向金融价值转化就构成了一个二值离散变量。为此，本书在对影响农户家庭资产价值向金融价值转化的因素进行实证分析时选择学界常用的属于二项分布的 Probit 模型，并分别对正规借贷转化渠道和非正规借贷转化渠道的影响因素进行实证检验。模型的一般形式为：

$$Y_j^* = c_j + \alpha_{ji} x_{ji} + \mu_j \tag{5.1}$$

其中，$Y_j = \begin{cases} 1, & Y_j^* > 0, \text{实现了资产金融价值转化} \\ 0, & Y_j^* \leq 0, \text{未实现资产金融价值转化} \end{cases}$

式（5.1）中，μ_j 是扰动项，服从标准正态分布。农户家庭资产金融价值转化影响因素的二元离散选择模型可以表示为：

$$\begin{aligned} \text{prob}(Y_j = 1 \mid X = x) &= \text{prob}(Y_j^* > 0 \mid x) \\ &= \text{prob}\{[\mu_j > -(c_j + \alpha_{ji} x_{ji})] \mid x\} \\ &= 1 - \phi[\mu_j > -(c_j + \alpha_{ji} x_{ji})] \end{aligned}$$

$$= \phi \left(c_j + \alpha_{ji} x_{ji} \right) \qquad (5.2)$$

式（5.2）中，ϕ 为标准正态累积分布函数，$j = 1$，2，$i = 1$，2，$\cdots$，n。Y_j^* 是不可观测的潜在变量，Y_j 为实际观测到的因变量，其中，Y_j 取值为 0 或 1，$Y_j = 0$ 分别表示农户未通过正规借贷实现家庭资产价值向金融价值转化或未通过非正规借贷实现家庭资产价值向金融价值转化，$Y_j = 1$ 分别表示农户通过正规借贷实现了家庭资产价值向金融价值转化或通过非正规借贷实现了家庭资产价值向金融价值转化；x_{ji} 为影响农户家庭资产金融价值转化的一组解释变量[①]，α_{ji} 为解释变量的系数，c_j 为常数项。j 分别取 1 和 2，1 代表农户是否在正规借贷中实现家庭资产价值向金融价值转化，2 代表农户是否在非正规借贷中实现家庭资产价值向金融价值转化；n 为解释变量的个数。

5.2.1.2 变量选取、理论假设及定义

（1）资产本身价值。根据前文理论分析发现，农村家庭资产价值越大，实现价值转化的可能性就越大。由于固定资产和流动资产在储藏、监管等方面存在诸多差异，其对资产价值向金融价值转化的影响也可能不同，为此，本节的计量分析将农户家庭资产分为固定资产和流动资产，并假设两类资产的价值大小对资产价值向金融价值转化均具有正向影响。

（2）资产产权法律确认。对于资产产权法律确认，本节选择产权模糊资产和产权清晰资产占资产总额的比值来反映资产产权法律确认状况对资产价值向金融价值转化的影响，并假定产权清晰资产占比越高，资产价值向金融价值转化的可能性越大，产权模糊资产占比越高，价值转化的可能性越小。产权清晰资产本书用城镇住房、经营性房屋、金融资产、交通运输工具来代表，产权模糊资产选取承包地价值、现代农业设施投入、畜禽养殖场投入来反映。

（3）户主自身素质。对于户主自身素质，本节选取文化水平、户主年龄

---

① 解释变量的具体名称和定义在表 5.1 中给予了详细解释，为了避免内容上的重复，此处未对解释变量的名称和定义进行详细解释，具体请参照表 5.1。

两个指标，并假设户主文化水平对家庭资产价值向金融价值转化有正向影响，户主年龄对家庭资产价值向金融价值转化的影响方向则是正负皆有可能。

（4）农户家庭收入。衡量农户家庭收入一般从收入水平、收入结构及稳定性等方面着手，收入水平即农户上一年度家庭总收入，收入结构方面本书选取农业收入占比、非农创业收入占比、务工收入占比三个指标，收入稳定性方面选取生产组织形式、劳动人口数量两个指标，并假设家庭收入水平、生产组织形式、劳动人口数量三个变量具有正向影响，农业收入占比、非农创业收入占比、务工收入占比的影响方向正负皆有可能。

（5）农户社会资本。学界中衡量农户社会资本的指标比较多，但并没有形成共识。本节借助农户的人情往来支出来反映社会资本，并认为人情往来支出占农户消费支出的比例越高，其社会网络资源越丰富，社会资本价值也就相应越高，家庭资产价值向金融价值转化也就更容易。

本节在对农户家庭资产金融价值转化不充分的原因进行计量分析时，共选取了 13 个变量，各变量的具体定义如表 5.1 所示。

表 5.1 模型变量定义说明

变量名称		变量代码	变量定义	预期方向
是否通过正规借贷实现资产价值向金融价值转化		Y_1	实现了价值转化 =1；未实现价值转化 =0	—
是否通过非正规借贷实现资产价值向金融价值转化		Y_2	实现了价值转化 =1；未实现价值转化 =0	—
资产本身价值	固定资产价值	$Asset\_1$	5 万元以下 =1；5 万 ~10 万元 =2；10 万 ~30 万元 =3；30 万 ~50 万元 =4；50 万元以上 =5	正
	流动资产价值	$Asset\_2$	5 万元以下 =1；5 万 ~10 万元 =2；10 万 ~30 万元 =3；30 万 ~50 万元 =4；50 万元以上 =5	正
产权法律确认	产权模糊资产	$Right\_1$	承包地价值占资产总额百分比	负
	产权清晰资产	$Right\_2$	城镇住房、经营性房屋、金融资产及交通运输工具价值占资产总额百分比	正

续表

变量名称		变量代码	变量定义	预期方向
户主自身素质	年龄	*Age*	户主年龄	正/负
	文化水平	*Education*	小学及以下 = 1；初中 = 2；高中 = 3；大专及以上 = 4	正
农户家庭收入	家庭总收入	*Income*	5 万元以下 = 1；5 万~10 万元 = 2；10 万~20 万元 = 3；20 万~30 万元 = 4；30 万元以上 = 5	正
	农业收入占比	*Agri*	农业收入占总收入的百分比	正/负
	非农创业占比	*Non-agri*	经营非农产业收入占总收入的百分比	正/负
	务工收入占比	*Wage*	务工收入占总收入的百分比	正/负
	生产组织形式	*Organiz*	自然人 = 1；规模养殖业、个体工商户 = 2；个人独资或合伙经营企业 = 3；有限责任公司 = 4	正
	劳动人口数量	*Labor*	家庭实际劳动人口数量	正
社会资本	人情往来支出	*Social*	人情往来支出占家庭总支出比例	正

5.2.2 农户家庭资产金融价值转化不充分的相关性检验

表 5.2 为解释变量之间的相关系数矩阵，由表中数据可知解释变量之间的相关系数较小，说明解释变量之间存在着较小的共线性，可以忽略不计，同时也说明了本书所选择的解释变量具有较强的合理性。表 5.3 为各被解释变量和解释变量的描述性统计分析结果，本节分别从平均值、中位数、最大值、最小值、标准差五个方面对各变量的特征进行了统计分析。

表 5.2　　　　　　　　　　变量间的相关系数矩阵

变量	*Asset_1*	*Asset_2*	*Right_1*	*Right_2*	*Age*	*Education*	*Income*	*Agri*	*Non-agri*	*Wage*	*Organiz*	*Labor*	*Social*
Asset_1	1												
Asset_2	0.1583	1											
Right_1	−0.0134	−0.1399	1										

续表

变量	Asset_1	Asset_2	Right_1	Right_2	Age	Education	Income	Agri	Non-agri	Wage	Organiz	Labor	Social
Right_2	0.1019	0.1625	-0.0542	1									
Age	0.1197	-0.0997	0.0848	0.1235	1								
Education	0.0292	0.0686	-0.1384	0.0001	-0.0323	1							
Income	0.0347	0.0817	-0.0332	0.0578	-0.1491	0.0998	1						
Agri	0.0157	-0.0517	0.0546	-0.0447	-0.0485	-0.0779	-0.0826	1					
Non-agri	-0.0949	0.0414	-0.1284	-0.0596	-0.0908	0.062	0.0954	-0.1108	1				
Wage	0.072	-0.0496	0.0889	0.1667	0.1268	-0.1426	-0.0231	-0.1046	-0.0905	1			
Organiz	0.0952	0.1156	-0.1294	-0.0083	-0.0674	0.1142	0.0465	0.031	0.1171	-0.0824	1		
Labor	0.1698	-0.0267	0.0861	0.0891	0.0277	-0.064	0.018	-0.0187	-0.0774	0.0874	-0.1286	1	
Social	-0.0651	0.054	0.0398	-0.0925	-0.1609	0.1519	0.0705	-0.0406	0.0901	-0.089	0.1031	-0.1201	1

表5.3   **变量的描述性统计**

变量	均值	中位数	最大值	最小值	标准差
Y_1	0.2113	0	1	0	0.4085
Y_2	0.0404	0	1	0	0.1970
Asset_1	3.1545	3	5	1	0.7447
Asset_2	2.1813	2	5	1	1.0948
Right_1	29.9544	29.5409	87.2739	0	18.3917
Right_2	34.3197	29.4860	94.4166	0	24.3704
Age	43.7812	41	63	20	12.1503
Education	1.8085	2	4	1	0.7345
Income	2.1144	2	5	1	1.0111
Agri	31.0227	17.8507	100	0	63.6974
Non-agri	17.9221	0	100	0	35.0976
Wage	49.1766	51.2941	100	0	38.3162
Organiz	1.3881	1	4	1	0.5789
Labor	2.8439	3	6	1	0.9359
Social	15.4428	12.6104	64.6552	0.0525	11.0398

5.2.3 农户家庭资产金融价值转化不充分的计量结果与分析

基于实地调查数据，本节利用 Eviews 6.0 就农户家庭资产价值向金融价值转化的影响因素进行了实证检验，计量分析结果如表5.4所示。

表5.4　　　　计量模型回归结果（估计方法：ML – Binary Probit）

被解释变量		正规借贷渠道资产价值转化 Y_1			非正规借贷渠道资产价值转化 Y_2		
解释变量类型		系数	Z 统计值	概率	系数	Z 统计值	概率
资产本身价值	Asset_1	0.3926 ***	4.6637	0.0000	0.1537	1.1478	0.2510
	Asset_2	– 0.2678 ***	– 4.3598	0.0000	0.2039 *	1.6547	0.0980
产权法律确认	Right_1	– 0.0142 ***	– 3.7707	0.0002	– 0.0020	– 0.3624	0.7171
	Right_2	0.0071 **	2.0723	0.0382	0.00989	1.4946	0.1350
户主自身素质	Age	– 0.0292 ***	– 5.9922	0.0000	– 0.0168 **	– 2.460	0.0139
	Education	0.0043	0.0583	0.9535	0.1758	1.5742	0.1154
农户家庭收入	Income	0.0244	0.4079	0.6834	– 0.0424	– 0.4535	0.6502
	Agri	0.0010	1.1023	0.2703	– 0.0017	– 0.5657	0.5716
	Non – agri	0.0042 **	2.0888	0.0367	– 0.0199 ***	– 3.4660	0.0005
	Wage	– 0.0005	– 0.2864	0.7745	– 0.0079 **	– 2.4319	0.0150
	Organiz	0.1719 *	1.6966	0.0898	– 0.6480 ***	– 3.1761	0.0015
	Labor	– 0.1168 *	– 1.6585	0.0972	– 0.1410	– 1.2293	0.2190
社会资本	Social	0.0008	0.1581	0.8744	0.0127 *	1.7287	0.0839
McFadden R-squared		0.2644			0.1976		
Log likelihood		– 340.0071			– 140.3910		
LR statistic		166.2398			48.0738		
Total obs		743			743		

注：（1）对于农户，无借贷需求必然无借贷行为，农户家庭资产价值也就无法实现向金融价值的转化，这是一个必然事件，如果将这部分农户加入计量模型，不符合计量分析对数据的随机性要求，因此，为了提高实证结果的准确性，本书借鉴王定祥等（2011）的研究方法，首先将没有借贷需求的农户剔除。（2）***、**、*分别表示在1%、5%、10%的水平下显著。（3）正规借贷渠道资产价值转化 $Y_1 = 0$ 时样本数为586个，$Y_1 = 1$ 时样本数为157个；非正规借贷渠道资产价值转化 $Y_2 = 0$ 时，样本数为713个，$Y_2 = 1$ 时，样本数为30个。

根据表中数据可得到以下结论：

（1）固定资产价值（Asset_1）对正规借贷渠道资产金融价值转化（Y_1）和非正规借贷渠道资产金融价值（Y_2）转化的影响均为正，但仅在1%的显著性水平下通过了对正规借贷渠道资产价值转化的检验。即固定资产价值越大，农户家庭资产价值越容易通过正规借贷渠道实现向金融价值的转化，但在非正规借贷渠道中这一效应不明显，可能的原因在于：正规借贷渠道的资产金融价值转化对非正规借贷渠道的资产金融价值转化具有挤出效应；在具体借贷过程中，固定资产作为传统抵押资产更容易得到农村金融机构的认可，拥有较多固定资产的农户在有借贷需求时会优先考虑正规金融机构，待正规借贷渠道难以获得融资时才会考虑非正规借贷渠道。流动资产价值（Asset_2）分别在1%和10%的显著性水平下通过了对正规借贷渠道资产金融价值转化和非正规借贷渠道资产金融价值转化的检验，但两者的作用方向相反，前者为负向影响，后者为正向影响。即流动资产价值越大，家庭资产价值通过正规借贷渠道向金融价值转化的难度越大，通过非正规借贷渠道向金融价值转化的难度越小。之所以会产生上述反差，作者认为是基于以下两点原因：第一，农村金融机构贷款担保方式创新力度不足，以流动资产为核心的新型担保方式难以获得认可，对于拥有较多流动资产且计划以该类资金作为抵押资产进行融资的大部分农户，非正规借贷是其融资的首要选择，亦是更为可行的渠道，因此，流动资产价值越大，农户家庭资产价值更容易通过非正规借贷渠道实现向金融价值的转化。第二，在农户收入一定的条件下，流动资产的增加必然会降低农户进行固定资产投资的能力，由此，固定资产价值的增长就会放缓，通过正规借贷渠道进行资产金融价值转化的能力也会相应降低。该结论也从侧面证明了，家庭流动资产价值占比过高是部分农户家庭资产金融价值转化不充分的一个原因。

（2）产权模糊资产（Right_1）和产权清晰资产（Right_2）分别在1%和5%的显著性水平下通过了对正规借贷渠道资产金融价值转化（Y_1）的影响，但两者的作用方向不同，产权模糊资产具有显著负向影响，产权清晰资产具有显著正向影响。即产权模糊资产占家庭资产总额的比例越大，农户家庭资产产权得到法律确认的比例也就越低，家庭资产就越不容易通过正规借贷渠道实现金融价值转化；产权清晰资产占家庭资产总额的比例越大，农户家庭资产产权得到法律确认的比例就越高，家庭资产就越容易通过正规借贷渠道实现金融价值转化。这一结果说明了家庭资产产权不清晰是阻碍农户家庭资产金融价值转化的重要因素。此结果也表明，在农户抵押贷款中，农村金融机构一般只对产权清晰的资产给予认可，排斥产权模糊的资产，因此，要想促使更多农户资产实现资产价值向金融价值的转化，加快进行产权制度改革，提高资产的产权清晰度至关重要。产权模糊资产（*Right_1*）和产权清晰资产（*Right_2*）均没有通过对非正规借贷渠道资产金融价值转化（Y_2）的影响，说明，对于大部分农户，资产产权状况并不是影响其资产价值通过非正规借贷渠道向金融价值转化的重要因素。可能的原因是：第一，非正规借贷的贷款人法律知识短缺、法律意识淡薄，难以对资产的产权状况进行有效评估，亦不明确资产产权不清晰的危害；第二，以"地缘""血缘"为核心的社会关系的存在，一定程度上会迫使非正规借贷的贷款人降低对资产产权的要求。

（3）户主年龄（*Age*）分别在1%和5%的显著性水平下通过了对正规借贷渠道资产价值转化（Y_1）和非正规借贷渠道资产价值转化（Y_2）的检验，且系数为负，说明，户主年龄越小，农户家庭资产越容易实现向金融价值的转化。产生这一结果的原因在于：无论是金融机构还是非正规金融组织，发放的贷款都以生产经营贷款为主，而对生产经营贷款需求最为强烈的为中青年创业者，与此同时，中青年创业者由于年龄偏小，未来发展空间较大，也更容易得到金融机构以及非正规金融组织的认可。也从侧面说明了，户主年龄过大是农户家庭资产金融价值转化不充分的一个因素。户主文化水平（*Education*）对两个被解释变量（Y_1、Y_2）的影响虽然均为正，但均没有通过检验，说明，户主文化水平的提高虽然有利于促进家庭资产金融价值转化，但这一促进作用并不明显。

（4）家庭总收入（*Income*）、农业收入（*Agri*）、务工收入（*Wage*）在1%、5%和10%的显著性水平下均没有通过对正规借贷渠道资产金融价值转化的（Y_1）的检验，其中，家庭总收入和农业收入的系数为正，务工收入的系数为负，非农创业收入（*Non-agri*）在5%的显著性水平下通过了对模型1（Y_1）的检验，其系数为正。即从总体上来看，家庭收入水平对农户资产价值通过正规借贷渠道向金融价值转化具有正向影响，但这种正向促进作用主要体现在非农创业收入上。可能的原因在于：第一，伴随着农村经济的不断发展，非农创业收入对农户家庭收入的贡献越来越大，且未来更具增长空间；第二，农户抵押贷款中的生产性贷款大多用于非农创业，农村金融机构在进行贷前调查时，更注重非农创业本身的收入，也即更关注直接还款来源。同时也说明，非农创业收入占比较低是当前农户家庭资产金融价值转化不充分的一个原因。非正规借贷渠道资产金融价值转化方面，家庭总收入、农业收入、非农创业收入、务工收入均为负向影响，而且非农创业收入和务工收入两个变量通过了检验。说明，农户收入水平对家庭资产在非正规借贷渠道的价值转化有明显负向影响，这可能是因为非正规借贷主要以信用借款为主，而且收入水平越高的农户，贷款人越有可能对其发放信用借款，只有收入较低的农户才需要通过抵押实现融资。

（5）生产经营组织形式（*Organiz*）分别在10%和1%的显著性水平下通过了对相应两个被解释变量（Y_1、Y_2）的检验，且对正规借贷渠道资产价值的转化有正向影响，对非正规借贷渠道资产价值的转化有负向影响。说明，相对于普通农户，生产经营规模更大、经营形式更规范的农户向农村金融机构申请抵押贷款时更容易获得认可，这就导致越是生产经营规模大、经营形式规范的农户向非正规金融贷款人申请借款的可能性越小，从而对非正规借贷中的资产价值转化产生明显的挤出效应。而现实实践中，正规渠道是农户家庭资产金融价值转化的主要渠道，该结果从反面表明了农户生产的组织化水平低亦是阻碍农户家庭资产金融价值转化的重要因素。家庭劳动人口数量（*Labor*）只在10%的显著性水平下通过了对正规借贷资产价值转化的检验，且对两个被解释变量均为负向影响。说明，劳动人口数量并不是影响农户家庭资产价值向金融价值转化的重要因素。

（6）农户社会资本（*Social*）在两个模型中的系数均为正，但只通过了对非正规借贷渠道资产价值转化的检验。说明，相对于正规借贷渠道，农户社会资本在非正规借贷渠道资产价值转化过程中发挥的作用更大。可能的原因在于：在我国广大农村地区，居民信用体系建设落后，尚没有专门对农户社会资本状况进行考察、评估、备案的部门和机构，农户社会资本信息难以查询，导致农村金融机构与农户之间的信息不对称现象较严重，而非正规借贷渠道却能较好地解决这一难题，并使农户社会资本在家庭资产价值转化过程中发挥作用。

5.3　本章小结

本章首先采用定性分析法从政府扶持、法律制度、市场环境、金融机构、微观农户五个方面对农户家庭资产金融价值转化不充分的原因进行了分析，然后利用 Probit 模型从微观视角对影响农户家庭资产金融价值转化的因素进行了计量分析。定性分析发现，导致农户家庭资产金融价值转化不充分的政府扶持原因包括引导作用不足、文件及细则不完善、确权颁证登记工作进展缓慢、保障水平比较低；法律制度原因包括土地和宅基地的权能残缺、法律禁止土地和宅基地抵押的规定，农户投资形成资产法律确认不足；市场环境原因包括农户资产抵押配套服务不完善、农村地区金融生态环境比较差、农村资产金融价值转化氛围未形成；金融机构原因包括农村金融机构在农村的资金投放力度小、农村金融机构抵押贷款模式创新力度弱、农村金融机构的人才队伍建设比较落后；农户自身原因包括资产本身的价值偏低、户主自身素质偏低、农户收入水平较低且不稳定、农户社会资本偏少。

定量分析中，计量分析结果显示，在众多潜在影响因素中，固定资产价值、流动资产价值、产权模糊资产、产权清晰资产、年龄、非农创业收入、生产经营组织形式、劳动人口数量是影响农户家庭资产价值能否通过正规借贷渠道实现向金融价值转化的重要因素，其中，固定资产价值、产权清晰资产、非农创业收入、生产经营组织形式的影响为正，流动资产价值、产权模糊资产、年龄、劳动人口数量的影响为负。在上述影响因素中，只有流动资产价值、年龄、非农创业收入、生产经营组织形式通过了对非正规借贷家庭资产价值转化的影响，且只有年龄的影响方向与对正规借贷渠道资产价值转化的影响方向一致，此外，通过对非正规借贷渠道价值转化检验的变量还有务工收入和社会资本变量。计量结果同时也表明，正规借贷渠道家庭资产价值转化对非正规借贷渠道家庭资产价值转化有明显的挤出效应，非正规借贷渠道资产价值转化只是正规借贷渠道资产价值转化的补充，且相对于正规借贷渠道资产价值转化，非正规借贷渠道资产价值转化更依赖于社会资本。

农户家庭资产金融价值转化
不充分的影响分析[*]

农户家庭资产金融价值转化对农户经济行为的影响是双面的，在家庭资产实现金融价值转化的情况下，农户家庭资产金融价值转化会对农户经济行为产生正向影响，而在家庭资产无法实现金融价值转化的情况下，就会对农户经济行为产生抑制效应。本章在前面几章理论分析和实证分析的基础上，从农户创业、农户收入、农户消费三个方面就农户家庭资产金融价值转化不充分对农户经济行为的影响展开深入分析，实证研究部分依旧以资产抵押路径的农户家庭资产金融价值转化为例。

6.1　农户家庭资产金融价值转化
不充分对农户创业的影响

当前，农村经济发展对农户创业的依赖度越来越高，从事创业活动的农户数量也越来越多。所谓农户创业是指农户对自己拥有的资源或通过努力能

* 本章第6.1节、第6.2节、第6.3节部分内容已发表于《管理世界》2015年第10期，特别感谢《管理世界》编辑老师和审稿人提出的宝贵意见。

够支配的他人拥有的资源进行优化整合，在此基础上创造出新的、更大的经济社会价值的过程。

6.1.1 农户家庭资产金融价值转化不充分影响农户创业的理论分析

创业是经济发展的重要引擎（德鲁克，1989），道出了创业对经济发展的重要性，这一定律无论是在发达国家还是在发展中国家、无论是在城市地区还是在农村地区均适用。缪尔达尔则认为"一国之所以穷是因为穷"，意味着初始条件的落后会导致经济发展长期难以走出恶性循环，同时也说明了外源性资金对创业活动的重要性。对于农户创业，外源性资金同样重要，刘杰和郑风田（2011）、杨军等（2013）的研究认为，流动性约束对农户创业行为有明显阻碍作用。张应良等（2015）利用939份创业样本农户的研究发现，创业农户对通过正规金融机构进行融资有着强烈意愿，但60%以上农户的金融需求受到抑制，这其中难以满足正规金融机构抵押担保要求是融资困难的主因。本书认为农户家庭资产金融价值转化不充分对农户创业的影响主要体现在以下两个方面：

第一，农户家庭资产金融价值转化不充分对农户创业行为发生具有抑制作用。与小规模农业生产活动不同，农户创业具有高投入、高收益的特征，高投入的特征决定了创业的资本门槛较高，要跨过较高的资本门槛，就要求创业农户必须具备一定的财富尤其是创业启动资金。凯恩斯消费需求理论指出，收入水平越低，边际消费倾向越高，因此，收入水平整体偏低的农民的边际消费较高，其大部分收入均用于日常消费以及家庭资产积累，导致家庭资产价值增长迅速，家庭资产金融价值转化的潜力越来越大，流动资金偏少，创业项目的启动对外源性资金的依赖性较大。在当前农村金融市场信息不对称现象较严重的情况下，农户以信用贷款的形式获得外源性融资的难度非常大，亲戚朋友等提供的资金援助又有限，此时，对于缺乏启动资金的农户，创业行为能否发生在很大程度上取决于其长时期以来积累的资产能否实现资产金融价值转化。因此，农户家庭资产金融价值转化不充分必然会对农户创业行为发生产生抑制作用，使部分有创业欲望或创业项目的农户因初始资金难以达到创业门槛而不得不转向从事其他类型生产活动。此外，一般情况下，宽松的融资环境有利于降低人们的风险规避程度，从而提高人们的创业倾向（Hurst & Lusardi，2004），因此，在农户家庭资产金融价值转化不充分的环境下，必然会提高农户的风险规避程度，导致农户的创业倾向降低，创业行为发生的概率变小。

第二，农户家庭资产金融价值转化不充分对农户创业层次规模具有抑制作用。根据规模效应理论，在达到一定规模以前，扩大生产规模会带来经济效益的提高。在各行各业市场竞争日趋激烈的背景下，各行业单个产品的利润都在逐步下降，因此，要实现经济效益最大化就必须努力做到使生产规模达到最优化。对于已经从事创业的农户来讲，受资金实力、管理能力、客户资源等多方面因素的制约，初始创业规模一般比较小，经济效益较低，此时，为了能够在竞争激烈的市场上生存下来，并实现更多的利润，农户就必须建设更多的厂房，购买更多的机器设备、原材料等，从而促使项目生产规模逐步达到或接近最优生产规模。与此同时，也不断提升生产经营的组织化程度，逐步由自然人过渡到个体户并最终演化成公司，以此提高产品知名度和市场风险抵御能力。然而，现实实践中，无论是生产规模的简单扩大还是生产形式的不断提升，均依赖于大量的现金流投入。农户家庭资产金融价值转化不充分，就必然会导致创业农户缺乏进一步投入所需的流动资金，从而使大量创业农户长期维持在小规模、低端的生产模式中，无法实现向大规模和高端生产形式的跨越。

6.1.2 农户家庭资产金融价值转化不充分影响农户创业的调查分析

鲍莫尔（Baumol，1990）认为一国（或地区）能否实现持续快速的经济增长，关键在于其如何对待创业精神，是鼓励创业精神还是抑制创业精神。

格拉泽（Glaeser，2007）更是提出创业精神是导致地区经济发展差异的重要因素。同区域间的影响一样，城乡金融发展水平是影响城乡创业差异的重要因素（刘俊杰等，2014），农村地区的信贷约束会对农村家庭创业带来负向影响（张龙耀和张海宁，2013；翁辰和张兵，2015）。当前，我国城乡经济发展差距较大、城乡差距长期得不到缩小，自然与我国农村地区的创业精神被抑制、农民创业活跃度不够密切相关。在农村金融市场信息不对称现象长期得不到缓解，农户家庭资产金融价值转化不充分是导致农户融资困难进而使农民创业精神受到抑制的重要原因，本书农户实地调查数据的描述性统计分析也印证了上述理论观点。

对农户创业行为的影响：在743户[①]有资金需求的农户中，有187户实现了家庭资产价值向金融价值转化。在187户实现家庭资产价值向金融价值转化的农户中，从事创业活动的有105户[②]，占比高达56.15%，且近半数的创业农户从事的是非农产业，比例高达49.52%。而在556户未实现家庭资产价值向金融价值转化的农户中，从事创业活动的有122户[③]，占比仅为21.94%，且在这约1/5的创业农户中，大都是从事种植业和养殖业，两者累计占比达到69.67%（见表6.1）。比例上的巨大差距也说明了农户家庭资产金融价值转化不充分是导致大量农户未能进行创业的重要因素，且让大量从事创业的农户局限在传统的种植业和养殖业中。

对农户创业层次的影响：反映农户创业层次最核心的指标是农户生产的组织形式。本书在对农户进行问卷调查时，将生产组织形式划分为三类供农户选择，从低层次到高层次依次为自然人、个体户、个人独资或合伙公司。

---

① 由于本章的实证分析是以资产抵押路径的农户家庭资产金融价值转化为例，无资金需求必然无资产金融价值转化，这是一个必然事件，不符合实证分析对数据的随机性要求，因此，为了提高实证结果的准确性，本书借鉴王定祥等（2011）的研究方法，首先将没有资金需求的农户剔除，本章剩余内容的实证分析将采取同样的方法对数据进行预先处理。

② 本书将从事规模种植、规模养殖，经营非农产业的农户视为创业农户。

③ 此处实现了家庭资产金融价值转化的创业农户与未实现家庭资产金融价值转化的创业农户相加为227户，低于第4.2节中的从事规模种植业、规模养殖业、自营工商业的户数之和242，是因为将没有资金需求的样本农户事先剔除的缘故。

表6.1   创业农户数量及分布

类别		实现了金融价值转化（187户）			未实现金融价值转化（556户）		
		户数（户）	占比（%）	累计占比（%）	户数（户）	占比（%）	累计占比（%）
创业农户总数		105	56.15	—	122	21.94	—
行业分布	种植业	17	16.19	16.19	60	49.18	49.18
	养殖业	36	34.29	50.48	25	20.49	69.67
	非农产业	52	49.52	100	37	30.33	100
生产组织形式分布	个人独资或合伙公司	8	7.62	7.62	7	5.74	5.74
	个体户	41	39.05	46.67	32	26.23	31.97
	自然人	56	53.33	100	83	68.03	100
创业规模分布	30万元以上	30	28.57	28.57	14	11.48	11.48
	10万~30万元	47	44.76	73.33	25	20.49	31.97
	10万元以下	28	26.67	100	83	68.03	100

资料来源：笔者根据调查数据计算整理而得。

调查结果显示，在105户实现了家庭资产价值向金融价值转化的创业农户中，生产组织形式为个人独资或合伙公司、个体户、自然人的农户数量分别为8户、41户、56户，占比分别为7.62%、39.05%、53.33%，而在122户未实现家庭资产价值向金融价值转化的创业农户中，生产组织形式为个人独资或合伙公司、个体户、自然人的农户量分别为7户、32户、83户，占比分别为5.74%、26.23%、68.03%（见表6.1）。虽然在实现了数家庭资产价值向金融价值转化的创业农户中，层次最高的个人独资或合伙公司占比依然较低，但仍然要高于未实现家庭资产价值向金融价值转化的创业农户。如果将个人独资或合伙公司和个体户合在一起，也即计算脱离了自然人这一最低端生产形式的农户，在实现了家庭资产金融价值转化的创业农户中这一比例为46.67%，在未实现家庭资产金融价值转化的创业农户中这一比例为31.97%，此时，实现了家庭资产金融价值转化的创业农户的生产组织形式明显占优。由此也可推断，农户家庭资产金融价值转化不充分是导致创业农户生产组织形式整体偏低的重要因素。

对农户创业规模的影响：衡量创业规模的指标众多，本节采取创业项目的营业收入来衡量农户创业规模。对调查数据统计分析发现，在105户实现了家庭资产价值向金融价值转化的创业农户中，营业收入处于30万元以上、10万~30万元、10万元以下三个区间的数量分别为30户、47户、28户，占比分别为28.57%、44.76%、26.67%，10万元以上的累计占比高达73.33%；在122户未实现家庭资产价值向金融价值转化的创业农户中，营业收入处于三个区间段的数量分别为14户、25户、83户，占比分别为11.48%、20.49%、68.03%，10万元以上的累计占比仅为31.97%（见表6.1）。通过对比分析不难发现，实现了家庭资产金融价值转化的创业农户的营业收入处于高区间段的比例明显要高于未实现家庭资产金融价值转化的创业农户的营业收入，说明，农户家庭资产金融价值转化不充分是导致创业农户生产规模偏小的重要原因。

6.1.3 农户家庭资产金融价值转化不充分影响农户创业的计量分析

为了更为准确地反映农户家庭资产金融价值转化不充分与农户创业之间的线性关系，本节在上述理论分析和描述性分析的基础上进一步做计量检验。在计量分析时，选择是否发生创业行为、创业组织形式、创业规模三个指标作为农户创业的代理变量。

6.1.3.1 农户创业行为模型设定

在农户有好的创业项目或创业想法时，农户是否会发生创业行为只有两种结果，即"发生了创业行为"和"未发生创业行为"。于是农户是否会发生创业行为就构成了一个二值离散变量。为此，本节在对农户家庭资产价值向金融价值转化对农户创业行为的影响进行计量分析时选择学界常用的属于二项分布的 Probit 模型。模型的一般形式为：

$$Y_1^* = c_1 + \alpha_{1i}F_{1i} + \beta_{1i}Con_{1i} + \mu_1 \tag{6.1}$$

其中，$Y_j = \begin{cases} 1, & Y_j^* > 0, \text{发生了创业行为} \\ 0, & Y_j^* \leq 0, \text{未发生创业行为} \end{cases}$

式（6.1）中，μ_j 是扰动项，服从标准正态分布。农户创业行为影响因素的二元离散选择模型可以表示为：

$$\begin{aligned} \text{prob}(Y_j = 1 \mid X = x) &= \text{prob}(Y_j^* > 0 \mid x) \\ &= \text{prob}\{[\mu_j > -(c_1 + \alpha_{1i}F_{1i} + \beta_{1i}Con_{1i})] \mid x\} \\ &= 1 - \phi[\mu_j > -(c_1 + \alpha_{1i}F_{1i} + \beta_{1i}Con_{1i})] \\ &= \phi(c_1 + \alpha_{1i}F_{1i} + \beta_{1i}Con_{1i}) \end{aligned} \tag{6.2}$$

式（6.2）中，ϕ 为标准正态累积分布函数，$i = 1, 2, \cdots, n_1$。Y_1^* 是不可观测的潜在变量，Y_1 为实际观测到的因变量，其中，Y_j 取值为 0 或 1，$Y_j = 0$ 代表农户未发生创业行为，$Y_j = 1$ 代表农户发生了创业行为；F_1 代表农户是否实现家庭资产金融价值转化，Con_{1i} 代表可能对农户创业产生影响的一组控制变量[①]，n_1 为控制变量的个数。

6.1.3.2 农户创业组织形式和创业规模模型设定

假设农户创业组织形式和创业规模是连续变量，则可建立如下实证模型：

$$Y_j^* = C_j + \alpha_j F_j + \beta_{ji}Con_{ji} + \mu_j \tag{6.3}$$

式（6.3）中，$j = 2, 3, i = 1, 2, \cdots, n$。$F_j$ 代表农户是否实现家庭资产金融价值转化，Con_{ji} 代表可能对农户创业组织形式和创业规模产生影响的一组控制变量。μ_j 为随机误差项，代表所有未被包括到模型中但会对农户创业组织形式和创业规模产生影响的因素。n 为控制变量的个数。

被解释变量 Y_2^*、Y_3^* 分别代表农户创业组织形式和创业规模。对于农户创业组织形式，笔者在进行问卷调查时由低到高设定了自然人、个体工商户、

---

① 控制变量的具体名称和定义在表 6.2 中给予了详细解释，为了避免内容上的重复，此处未对控制变量的名称和定义进行详细解释，具体请参照表 6.2。

个人独资或合伙公司三个选项，并由农户根据自身生产经营状况选择。对于农户创业规模，本书根据营业收入额度划分了三个区间段，分别为30万元以上、10万~30万元、10万元以下。由此可知，潜变量（Y_j^*）对应的是一个等级变量（Y_j）。据此，本节选择排序Logit模型来分析农户家庭资产金融价值转化对农户创业组织形式和创业规模的影响，并对被解释变量进行如下定义：

$$Y_j = \begin{cases} 0, & Y_j^* \leqslant \theta_{j0} \\ 1, & \theta_{j0} < Y_j^* \leqslant \theta_{j1} \\ 2, & \theta_{j1} < Y_j^* \end{cases} \qquad (6.4)$$

其中，θ_{j1}为潜变量的"切点"。在式（6.3）中，假定μ_j服从Logistic分布，可将式（6.3）简写为$Y_j^* = \gamma_j X_j + \mu_j$，$\phi_j(X)$表示误差项$\mu_j$的分布函数，由此可得到农户选择$Y_j$的概率：

$$P_j = \begin{cases} P_j(Y_j = 0) = \phi_j(\theta_{j0} - \gamma_j X_j) \\ P_j(Y_j = 1) = \phi_j(\theta_{j1} - \gamma_j X_j) - \phi_j(\theta_{j0} - \gamma_j X_j) \\ P_j(Y_j = 2) = 1 - \phi_j(\theta_{j1} - \gamma_j X_j) \end{cases} \qquad (6.5)$$

基于此，本书利用极大似然估计法估计出参数α_j和β_{ji}。

6.1.3.3 解释变量选取及定义

式（6.2）和式（6.3）中，为了提高模型解释力度，除了农户家庭资产金融价值转化变量外，本节还借鉴王定祥和田庆刚等（2011）、胡士华和李伟毅（2011）的研究方法，选择了8个可能对农户创业产生重要影响的变量作为控制变量，各变量具体信息如表6.2所示。

6.1.3.4 计量结果与分析

由于本章所用解释变量大部分与前面章节相同，且前面章节已对变量的描述性统计和相关性进行了分析，因此，为了避免内容前后重复，本章在进行计量分析时不再进行变量的描述性统计分析和相关性分析。基于实地调查

表6.2 模型变量定义

变量类型	变量名称及定义
农户创业变量	农户创业行为：未发生创业行为 =0，发生了创业行为 =1
	创业组织形式：自然人 =0，个体工商户 =1，个人独资或合伙公司 =2
	农户创业规模：10 万元以下 =0，10 ~ 30 万元 =1，30 万元以上 =2
资产金融价值转化变量	实现资产金融价值转化 =0，未实现资产金融价值转化 =1
控制变量	户主文化水平：小学及以下 =1；初中 =2；高中 =3；大专及以上 =4
	户主年龄
	家庭人口数
	金融资产价值（单位：万元）
	固定资产价值（单位：万元）
	距乡镇距离（单位：公里）
	非农业收入占家庭总收入的百分比
	家庭收入（单位：万元）

数据，本节利用 Stata 12 软件就农户家庭资产金融价值转化不充分对农户创业的影响进行了实证检验，计量分析结果如表6.3 所示，根据表中数据可得到以下结论：

第一，农户家庭资产金融价值转化不充分变量分别在 1% 、10% 、1% 的显著性水平下通过了对农户创业行为、农户创业层次、农户创业规模的检验，且系数均为负，也即农户家庭资产金融价值转化越不充分，发生创业行为的农户数量就越少，农户创业项目的组织形式就越低，农户创业项目的经营规模就越小。计量回归结果与前文理论分析和调查分析的结论相符，同时也为前文理论分析提供了佐证。说明，当前农村地区的创业热情不高、参与创业的农户数量少、创业项目规模较小与农户家庭资产价值无法实现向金融价值的转化密切相关。这一结论的正常含义为，在当前经济下行压力较大的情况下，要推动农村经济继续实现持续快速发展，就必须激发农村创业活力，而要激发农民创业热情，就必须加快推动农户家庭资产价值向金融价值转化，以解决农民创业资金短缺严重的难题。

表 6.3 　　　　　　　　　　　　计量模型回归结果

被解释变量		创业行为 Y_1 (样本数 743 个)		创业层次 Y_2 (样本数 227 个)		创业规模 Y_3 (样本数 227 个)	
估计模型		Probit 模型		排序 Logit 模型		排序 Logit 模型	
解释变量类型		系数	Z 统计值	系数	Z 统计值	系数	Z 统计值
资产金融价值转化		−0.7352 ***	−6.21	−0.4506 *	−1.89	−1.2419 ***	−4.47
控制变量	户主文化水平	0.0867	1.14	0.0862	0.35	0.8005 ***	4.71
	户主年龄	−0.0122 **	−2.52	−0.0977 ***	−5.24	−0.0260 **	−2.03
	家庭人口数	0.1343 ***	2.64	0.1981	1.18	0.0212	0.17
	金融资产价值	0.0028	0.98	0.0322 ***	2.78	0.0246 *	1.77
	固定资产价值	0.0096 *	1.75	0.0309	0.67	0.0354 *	1.92
	距乡镇距离	−0.0217	−1.34	−0.0847 ***	−2.71	−0.0145	−0.63
	非农业收入占比	0.0014 **	2.09	0.0112 **	2.41	0.0109 ***	3.14
	家庭总收入	0.0017	1.12	0.0277 **	2.65	0.0984 ***	8.65
Log likelihood		−444.75868		−138.24292		−665.70667	
Pseudo R^2		0.1815		0.2721		0.1677	

注：***、**、* 分别表示在 1%、5%、10% 的水平下显著。

第二，在控制变量中，户主年龄和非农收入占比通过了对三个模型的检验，但户主年龄的系数均为负，非农收入占比的系数为正。说明，户主年龄越大越不利于农户从事技术知识要求相对较高、风险相对较大的创业活动，非农业收入占比越高农户从事创业活动的可能性越大。其余控制变量虽然未能同时通过三个模型的检验，但均通过了其中一个模型或者两个模型的检验，说明，这些变量亦是影响农户创业的重要因素。其中，户主文化水平、家庭人口数、金融资产价值、固定资产价值、家庭总收入的符号为正，距乡镇距离的符号为负，说明，户主文化水平、家庭人口数量、金融资产价值、家庭总收入在一定程度上对农户创业有正向促进作用，距乡镇距离在一定程度上有负向促进作用。

6.2 农户家庭资产金融价值转化
不充分对农户收入的影响

收入的实现及增长对前期的资金投入有较强的依赖性，本节将着重就户家庭资产金融价值转化不充分对农户收入的影响展开分析。

6.2.1 农户家庭资产金融价值转化不充分影响农户收入的理论分析

农户收入的影响因素一直是学界关注的重点。国外学者中，布里奇曼等（Briggeman et al.，2007）认为政府的农业补贴有利于提高农民的农业收入。坎等（Kan et al.，2006）认为人力资本是促进农民非农收入增长的重要因素，农民受教育程度越高，非农收入增长越快。刘（Liu，2014）认为积极进行农业发展模式创新，发展多功能农业，对于提高农民的农业收入和非农业收入均有利。罗伯特（Robert，2007）以美国和巴西农村地区为例展开的研究发现，农民收入与气候的关联性极大。国内学者中，除了认为上述因素会对农民收入产生影响外（如郭剑雄，2005；沈坤荣和张璟，2007；辛岭和王艳华，2007；王引和尹志超，2009；方桂堂，2014；），还认为农村金融亦是影响我国农户收入的重要因素，具有典型代表性的学者有温涛等（2005）、李敬（2014）、陈乙酉和付园元（2014）。近几年，农村金融与农民收入之间的关系越来越受到政界和学界的关注，作为农村金融领域的重要内容，农户家庭资产金融价值转化必然也会对农户收入产生影响。本书认为，农户家庭资产金融价值转化不充分对农户收入的影响主要体现在以下三个方面：

第一，对农户总收入增长具有抑制作用。宏观层面，作为经济发展的核心要素之一，农村金融市场供给的资金对农村经济发展意义重大，是农村经济持续健康发展的核心推动力。微观层面，外源性融资不仅可以帮助农户跨过高收益项目较高的资本门槛，还可以帮助农户扩大现有生产规模，从而增加收入。然而，在农村金融市场信息不对称得不到缓解的情况下，如果农户无法实现家庭资产价值向金融价值的转化，就会导致农村金融市场出现较严重的信贷配给现象（Hoff & Stiglitz，1990）。信贷配给的存在会让大多数农户无法获得外源性融资，导致农村金融资本极度匮乏。金融资本匮乏一方面让大多数农民只能依靠"身体"吃饭，而不能用"资本"来赚钱（李敬，2014），另一方面让农户无法从小规模生产向大规模生产以及高端生产组织形式迈进，最终导致农户收入增长缓慢。

第二，容易造成农户间收入不平等。农户家庭资产金融价值转化不充分不仅会导致农民收入增长缓慢，城乡收入差距不断扩大，还会导致农户间收入不平等，农户间收入出现两极分化。假定所有农户初始资本相同且初始规模均较小的情况下，实现家庭资产价值向金融价值转化的农户必然可以获得外源性融资，外源性融资的获得会改变农户的初始资源禀赋，提高农户的资本投入能力，使其可以获得更多的投资机会，收入保持更快的增长速度（Greenwood & Jovanovic，1990）。对于无法实现家庭资产价值向金融价值转化的农户，受资本实力的限制，必然会错过大量具有更高收益的投资机会。因此，农户家庭资产金融价值转化不充分会导致农户间的资源禀赋出现差异，获得更多投资机会的能力不均衡，从而进一步导致农户间收入增长速度不同，收入差距不断扩大。

第三，不利于农户家庭收入结构的优化。根据国家统计年鉴划分标准，农户收入分为工资性收入、家庭经营收入、财产性收入、转移性收入四类。在农户收入构成中，工资性收入和家庭经营收入是主体，二者相加在2013年的比重高达87.89%①，财产性收入和转移性收入仅占12%，因此，本节对农户家庭收入结构的分析以工资性收入和家庭经营收入为例。对于农户来讲，工资性收入主要为在当地或外出务工所得，家庭经营收入则包括从事农林牧

---

① 根据2014年《中国统计年鉴》公布数据计算所得。

渔业及非农产业的生产经营活动所得。对比工资性收入和家庭经营收入的投入要素，工资性收入的投入要素主要为农户家庭成员的劳动力，家庭经营收入的投入要素则包括家庭成员的劳动力、资金、土地等多种，其中资金是最核心的要素之一。相比劳动所得，从事生产经营的收益一般更高，因此，在有生产经营项目且自身条件具备的条件下，农户的首选一般是从事收益更高的生产经营活动，其次才会选择收入相对较低但更稳定的务工。在可以实现家庭资产价值向金融价值转化的情况下，农户可以获得外源性融资，此时，有创业想法或者创业项目的农户就会更倾向于选择从事生产经营，而不是收入更低的务工，反之，在无法实现家庭资产价值向金融价值转化的情况下，农户就会因为自身资本实力不足无法从事生产经营活动而不得不选择务工。所以，一般情况下，农户家庭资产金融价值转化不充分会导致农户家庭经营收入占比较低，工资性收入占比较高，农民收入增长较慢，农民收入结构优化难度增大。

6.2.2 农户家庭资产金融价值转化不充分影响农户收入的调查分析

由于农户间收入不平等状况难以用截面数据来衡量，因此，本节农户家庭资产金融价值转化不充分对农户收入影响的调查分析主要从对农户收入总体水平的影响和对农户家庭收入结构的影响两方面展开。

6.2.2.1 对农户收入总体水平的影响

如表6.4所示，在187户实现家庭资产金融价值转化的农户中，家庭总收入位于6万元以上、3万~6万元、3万元以下三个区间段的农户数量分别为69户、84户、34户，占比分别为36.90%、44.92%、18.18%，3万元以上农户累计占比为81.82%。而在556户未实现家庭资产金融价值转化的农户中，家庭总收入位于6万元以上、3万~6万元、3万元以下三个区间段的农户数量分别为165户、228户、163户，占比分别为29.67%、41.01%、

29.32%，3 万元以上农户累计占比为 70.68%。通过数据对比不难看出，未实现家庭资产金融价值转化农户的总收入明显低于实现家庭资产金融价值转化农户的总收入，也说明了农户家庭资产金融价值转化不充分是导致农户收入增长缓慢、城乡居民收入差距难以缩小的重要原因。统计数据显示，2009年以来，虽然城乡居民收入差距在不断缩小，城乡收入比也由 2009 年的3.33∶1 下降到 2014 年的 2.92∶1，但城乡居民间的收入差距依然非常大。

表 6.4 农户收入总量及结构分布

类别		实现了金融价值转化（187 户）			未实现金融价值转化（556 户）		
		户数（户）	占比（%）	累计占比（%）	户数（户）	占比（%）	累计占比（%）
收入总额	6 万元以上	69	36.90	36.90	165	29.67	29.67
	3 万~6 万元	84	44.92	81.82	228	41.01	70.68
	3 万元以下	34	18.18	100	163	29.32	100
经营性收入占比	70% 以上	101	54.01	54.01	191	34.35	34.35
	30%~70%	41	21.93	75.94	124	22.30	56.65
	30% 以下	45	24.06	100	241	43.35	100
工资性收入占比	70% 以上	34	18.18	18.18	234	42.09	42.09
	30%~70%	45	24.07	42.25	127	22.84	64.93
	30% 以下	108	57.75	100	195	35.07	100

资料来源：笔者根据调查数据计算整理而得。

6.2.2.2 对农户家庭收入结构的影响

经营性收入占比方面，在实现了家庭资产金融价值转化的农户中，经营性收入占比处于 70% 以上、30%~70%、30% 以下三个区间段的农户数量分别为 101 户、41 户、45 户，占比分别为 54.01%、21.93%、24.06%；对于未实现家庭资产金融价值转化的农户，相应的比例分别为 34.35%、22.30%、43.35%，经营性收入占比明显低于实现了家庭资产金融价值转化的农户。工资性收入占比方面，在实现了家庭资产金融价值转化的农户中，工资性收入占比处于70%以上、30%~70%、30%以下三个区间段的农户比例分别为18.18%、24.07%、57.75%，未实现家庭资产金融价值转化农户的相应比例分别为42.09%、22.84%、35.07%（见表6.4），未实现家庭资产金融价值转化农户的工资性收入占比高于实现了家庭资产金融价值转化的农户。说明，农户家庭资产金融价值转化不充分会抑制具有更大增长空间的经营性收入的增长，使大量农户收入来源于相对稳定但收入水平较低的工资性收入，不利于农户收入结构优化和总收入的快速增长。

6.2.3 农户家庭资产金融价值转化不充分影响农户收入的计量分析

6.2.3.1 计量模型设定

本节在对农户家庭资产金融价值转化不充分影响农户收入进行计量分析时，选择家庭总收入和经营性收入占比两个指标作为农户收入的代理变量。假设农户收入是连续变量，则可建立如下实证模型：

$$Y'_j = C'_j + \alpha'_j F'_j + \beta'_{ji} Con'_{ji} + \mu'_j \tag{6.6}$$

式（6.6）中，$j = 1, 2$，$i = 1, 2, \cdots, n$。F'_j 代表农户是否实现家庭资产金融价值转化，Con'_{ji} 代表可能对农户收入产生影响的一组控制变量。μ'_j 为随机误差项，代表所有未被包括到模型中但会对农户收入产生影响的因素。n 为控制变量的个数。

被解释变量 Y'_1、Y'_2 分别代表农户家庭总收入和经营性收入占比。对于农户家庭总收入，借鉴刘双等（2015）的研究方法，根据《重庆统计年鉴（2014）》发布的数据，2013年重庆市农村居民家庭人均收入为10719.42元，而样本农户平均家庭的人口数为4.3人，因此，将3万元及以下年收入定义为低收入，3万~6万元定义为中等收入，6万元以上定义为高收入。对于经营性收入占比，此处根据前文调查分析，分别划分为70%以上、30%~

70%、30%以下三个区间段。由此可知，被解释变量 Y_j^i 对应的是一个等级变量。据此，本书选择排序 Logit 模型来分析农户家庭资产金融价值转化不充分对农户收入的影响。

6.2.3.2 解释变量选取及定义

式（6.5）中，为了提高模型解释力度，除了农户家庭资产金融价值转化变量外，本节还选择了 6 个可能对农户收入产生重要影响的变量作为控制变量，各变量具体信息如表 6.5 所示。

表 6.5 模型变量定义

变量类型	变量名称及定义
农户收入变量	农户家庭总收入：3 万元以下 =0，3 万~6 万元 =1，6 万元以上 =2
	经营性收入占比：30% 以下 =0，30%~70% =1，70% 以上 =2
资产金融价值转化变量	实现资产金融价值转化 =0，未实现资产金融价值转化 =1
控制变量	户主文化水平：小学及以下 =1，初中 =2，高中 =3，大专及以上 =4
	户主年龄
	家庭人口数
	金融资产价值（单位：万元）
	固定资产价值（单位：万元）
	距乡镇距离（单位：公里）

6.2.3.3 计量结果与分析

基于实地调查数据，本节利用 Stata 12 软件就农户家庭资产金融价值转化不充分对农户收入的影响进行了实证检验，计量分析结果如表 6.6 所示。

根据表 6.6 中数据可得到以下结论：

第一，资产金融价值转化变量均在 1% 的显著性水平下通过对农户家庭总收入和经营性收入占比的检验，且系数均为负，也即农户家庭资产金融价

表 6.6 计量模型回归结果

被解释变量	农户家庭总收入 Y_1'（样本数 743 个）		经营性收入占比 Y_2'（样本数 743 个）	
解释变量类型	系数	Z 统计值	系数	Z 统计值
资产金融价值转化变量	− 1.4337 ***	− 6.58	− 0.7955 ***	− 4.51
控制变量　户主文化水平	0.1046	0.88	0.1694	1.61
户主年龄	− 0.0204 ***	− 2.89	− 0.0299 ***	− 4.48
家庭人口数	0.3097 ***	4	0.2879 ***	4.11
金融资产价值	0.0156 **	2.52	0.0023	0.55
固定资产价值	0.0183 **	2.22	0.0152	0.62
距乡镇距离	− 0.0263	− 0.93	− 0.0129	− 0.51
Log likelihood	− 563.6598		− 725.082	
Pseudo R^2	0.1539		0.1129	

注：***、**、*分别表示在1%、5%、10%的水平下显著。

值转化越不充分，农户家庭收入增长越慢、经营性收入占比越低，与前文理论分析和调查分析结论相一致。说明，现实生活中，无法实现家庭资产金融价值转化的农户，更多地会选择在当地或外出务工，选择从事生产经营活动的概率较小，而相对于生产经营活动，务工的收入水平偏低，这又进一步造成了农户收入增长缓慢、收入结构不合理。这一结论意味着，在当前城乡居民收入差距较大的情况下，应积极通过推动农户家庭资产金融价值转化来解决农户融资难题，并激励有创业项目或意愿的农户积极投身到创业领域，最终通过经营性收入的增加来提高农户整体的收入水平。

第二，在控制变量中，户主年龄和家庭人口数均在1%的显著性水平下通过了检验，其中，户主年龄的系数为负，家庭人口数的系数为正，说明，户主年龄越大越不利于农户总收入和经营性收入的增加，家庭人口越多越有利于农户总收入和经营性收入的增加。金融资产价值和固定资产价值虽然系数均为正，但都只通过了对农户总收入的检验，说明，金融资产价值和固定资产价值虽然对农户总收入有一定促进作用，但对经营性收入的促进作用欠佳。户主文化水平和距乡镇距离均没有通过检验，说明两者并不是影响农户总收入和经营性收入增长的重要因素。

6.3 农户家庭资产金融价值转化
不充分对农户消费的影响

在当前经济下行压力大、外贸增长缓慢的情况下，扩大内需成为推动经济发展的核心动力。在此形势下，如何充分挖掘占据全国人口 60% 左右的农村居民的消费潜力是推动经济发展的重要举措。

6.3.1 农户家庭资产金融价值转化不充分影响农户消费的理论分析

伴随着农村经济的不断发展和农村居民生活水平的不断提高，农户消费支出额度在不断增大，消费支出方式也在发生变化。2014 年，农户年人均总支出为 8382.6 元，其中现金消费支出为 6716.7 元，占比高达 80.13%。这说明，如今的中国农户已在很大程度上摆脱了传统的消费方式，正在转向一种新的以货币化和社会化为特征的消费方式（陈春生，2008）。消费支出额度的增大和消费支出方式的变化促使农户对消费性融资的需求越来越大，消费性金融的市场空间也越来越大。然而，现实实践中，由于农村消费性金融发展落后，农村消费性金融的市场潜力并没有得到充分挖掘，农民也面临着消费融资困境。作为农村金融的重要内容，农户家庭资产金融价值转化不充分必然是其中因素之一。本书认为农户家庭资产金融价值转化不充分对农户消费的影响主要体现在以下两个方面：

第一，抑制农户消费支出的增长。农户家庭资产金融价值转化对农户消费总支出的影响是间接的，并主要通过三个渠道实现。第一个渠道是通过影响农户当期消费的流动资金约束，影响当期消费能力。在没有外源性资金支持的情况下，农户当期消费总额不能超过流动资金总额，因此，农户的当期消费能力面临着流动性约束。农户家庭资产金融价值转化不充分，必然会加重农户当期消费的流动性约束，从而对农户消费产生负面影响，并直接抑制农户当期消费、降低农户福利（万广华等，2001）。第二个渠道是通过影响"预防性储蓄"而对当期消费动力产生影响。受收入水平不稳定和社会保障体系不健全等多种因素的影响，为了应付未来可能出现的意外，农户会进行"预防性储蓄"，而不是将所有资金都用来消费。在发展良好的农村金融市场上，农户深信未来可以通过融资来应付可能出现的意外，因此会主动减少"预防性储蓄"（董志勇和黄迈，2010），然而，在其他条件不变的情况下，农户家庭资产金融价值转化不充分必然会降低农户对融资可得性的预期，从而导致"预防性储蓄"上升，当期消费支出减少。第三个渠道是通过影响农户未来的收入预期影响当期的边际消费倾向。对于当期实现家庭资产金融价值转化的农户，可以将更多的资金投入到生产领域，扩大生产规模，从而增加未来收入，此时农户就会减少为防范未来意外风险而进行的"预防性储蓄"，取而代之的是增加到期消费支出。反之，农户家庭资产金融价值转化不充分必然会促使农户减少当期消费支出。

第二，不利于农户消费结构优化。消费结构也即各种类型的消费在农户消费总支出所占比例。根据消费品属性和消费支出的弹性大小，可将农户消费分为必需性消费和改善性消费。其中，必需性消费主要用于满足农户的基本生活，消费需求量一般比较固定，无论当期流动资金是否充裕，农户为了维持基本生活一般都会选择购买，因此，受外部因素影响的波动较小。改善性消费主要为了满足农户更高层次的消费需求，有利于增加农户福利，消费需求量一般没有上限，市场空间大，受流动性约束、未来的不确定性等外部因素影响的波动较大。在没有流动性约束和必需性消费需求已满足的情况下，农户为了提高福利必然会加大改善性消费支出，而在面临流动性约束的情况下，不管必需性消费需求是否已被满足，农户都会减少改善性消费支出（董志勇和黄迈，2010）。无论是从增进农户福利视角还是从宏观经济发展视角来看，理想的消费结构是改善性消费在农户消费支出中占更高的比重。然而，现实实践中，若农户资产价值向金融价值的转化难以充分实现，必然会加重农户面临的流动性约束，从而减少改善性消费支出，最终导致农户消费结构恶化。

6.3.2 农户家庭资产金融价值转化不充分影响农户消费的调查分析

本节农户家庭资产金融价值转化不充分对农户消费影响的调查分析从对农户消费支出总量的影响和对农户家庭消费结构的影响两方面展开。

对农户消费支出总量的影响：本节通过对比实现了资产金融价值转化农户和未实现资产金融价值转化农户消费支出总额的区间分布来分析农户家庭资产金融价值转化对农户消费支出总量的影响。在 187 户实现了资产金融价值转化的样本农户中，处于 4 万元以上、2 万 ~ 4 万元、2 万元以下三个区间的农户数量分别为 47 户、75 户、65 户，占比分别为 25.13%、40.11%、34.76%，即近 2/3 农户的年消费额度超过了 2 万元。在未实现家庭资产金融价值转化的农户中，位于三个区间的农户数量分别为 122 户、207 户、227 户，占比分别为 21.94%、37.23%、40.83%（见表 6.7），年消费额度超过 2 万元的农户占比约 60%。数据对比不难发现，虽然未实现家庭资产金融价值转化农户的消费额度也较高，但仍略低于实现了家庭资产金融价值转化农户的消费额度。

对农户消费支出结构的影响：如表 6.7 所示，在实现了家庭资产金融价值转化的农户中，改善性消费①占总消费的比例处于 50% 以上、30% ~ 50%、30% 以下三个区间的比例分别为 17.11%、42.78%、40.11%，改善性消费占比达到 30% 的农户累计占比近 60%。在 556 户未实现家庭资产金融价值转化

① 在借鉴董志勇和黄迈（2010）对改善性消费内容界定基础上，结合本书实际，此处的改善性消费具体包括家庭旅游、教育和培训、城镇购房、文化娱乐。

的农户中，改善性消费占比处于 50% 以上、30%～50%、30% 以下三个区间
的户数分别为 83 户、193 户、280 户，占比分别为 14.93%、34.71%、
50.36%，改善性消费占比达到 30% 的农户累计占比近 50%。数据统计显示，
当前农户的消费支出依然以必需性消费为主，改善性消费支出所占比例整体
偏低，农户消费结构可优化潜力非常大。与此同时，未实现家庭资产金融价
值转化农户的改善性消费占比与实现了家庭资产金融价值转化的农户相比更
低，进一步说明了农户家庭资产金融价值转化不充分一定程度上会对农户消
费结构优化带来负面影响。

表 6.7 农户消费总量及结构分布

类别		实现了金融价值转化（187 户）			未实现金融价值转化（556 户）		
		户数（户）	占比（%）	累计占比（%）	户数（户）	占比（%）	累计占比（%）
消费总额	4 万元以上	47	25.13	25.13	122	21.94	21.94
	2 万～4 万元	75	40.11	65.24	207	37.23	59.17
	2 万元以下	65	34.76	100	227	40.83	100
改善性消费占比	50% 以上	32	17.11	17.11	83	14.93	14.93
	30%～50%	80	42.78	59.89	193	34.71	49.64
	30% 以下	75	40.11	100	280	50.36	100

资料来源：笔者根据调查数据计算整理而得。

6.3.3 农户家庭资产金融价值转化不充分影响农户消费的计量 分析

6.3.3.1 计量模型设定

本节在对农户家庭资产金融价值转化不充分影响农户消费进行计量分析
时，选择家庭农户消费支出总额和改善性消费支出占比两个指标作为农户消
费的代理变量。假设农户消费是连续变量，则可建立如下实证模型：

$$Y_j'' = C_j'' + \alpha_j''F_j'' + \beta_{ji}''Con_{ji}'' + \mu_j'' \qquad (6.7)$$

式（6.7）中，$j = 1$，2，$i = 1$，2，$\cdots$，n。F_j'' 代表农户是否实现家庭资产金融价值转化，Con_{ji}'' 代表可能对农户消费产生影响的一组控制变量。μ_j'' 为随机误差项，代表所有未被包括到模型中但会对农户消费产生影响的因素。n 为控制变量的个数。

被解释变量 Y_1''、Y_2'' 分别代表农户消费总额、改善性消费占比。对于农户消费总额，同样借鉴刘双等（2015）的研究方法，根据《重庆统计年鉴（2014）》发布的数据，2013 年重庆市农村居民家庭人均消费支出为 8211.19 元，而样本农户平均家庭的人口数为 4.3 人，因此，将 2 万元及以下年消费定义为低消费，2 万~4 万元定义为中等消费，4 万元以上定义为高消费。对于改善性消费占比，此处划分为 50% 以上、30%~50%、30% 以下三个区间段。由此可知，被解释变量 Y_j'' 对应的是一个等级变量。据此，本书选择排序 Logit 模型来分析农户家庭资产金融价值转化不充分对农户消费的影响。

6.3.3.2 解释变量选取及定义

式（6.6），为了提高模型解释力度，除了农户家庭资产金融价值转化变量外，本节还选择了 8 个可能对农户消费产生重要影响的变量作为控制变量，各变量具体信息如表 6.8 所示。

表 6.8   **模型变量定义**

变量类型	变量名称及定义
农户消费变量	家庭支出总额：2 万元以下 = 0，2 万~4 万元 = 1，4 万元以上 = 2
	经营性收入占比：30% 以下 = 0，30%~50% = 1，50% 以上 = 2
资产金融价值转化变量	实现资产金融价值转化 = 0，未实现资产金融价值转化 = 1
控制变量	户主文化水平：小学及以下 = 1；初中 = 2；高中 = 3；大专及以上 = 4
	户主年龄
	家庭人口数
	金融资产价值（单位：万元）

变量类型	变量名称及定义
控制变量	固定资产价值（单位：万元）
	距乡镇距离（单位：公里）
	非农业收入占家庭总收入的百分比
	家庭收入（单位：万元）

6.3.3.3 计量结果与分析

基于实地调查数据，本节利用 Stata 12 软件就农户家庭资产金融价值转化不充分对农户消费的影响进行了实证检验，计量分析结果如表 6.9 所示。

表 6.9 计量模型回归结果

被解释变量		农户家庭总消费 Y_1''（样本数 743 个）		改善性消费占比 Y_2''（样本数 743 个）	
解释变量类型		系数	Z 统计值	系数	Z 统计值
资产金融价值转化变量		− 0.4355 **	− 2.48	− 0.7482 ***	− 4.38
控制变量	户主文化水平	0.5321 ***	4.81	0.1636	1.54
	户主年龄	− 0.0330 ***	− 4.82	− 0.0066	− 0.95
	家庭人口数	0.7720 ***	9.85	− 0.1438 **	− 2.01
	金融资产价值	0.0020	0.46	0.0005	0.11
	固定资产价值	0.0099 ***	2.07	0.0063	1.28
	距乡镇距离	− 0.1614 ***	− 5.19	− 0.0213 *	− 2.21
	非农业收入占比	0.0154 ***	6.97	0.0014	1.45
	家庭总收入	0.3819 ***	2.82	0.0031 *	1.75
Log likelihood		− 777.6810		− 764.65526	
Pseudo R^2		0.1406		0.1288	

注：*** 、** 、* 分别表示在 1%、5%、10% 的水平下显著。

根据表6.9中数据可得到以下结论：

第一，家庭资产金融价值转化变量分别在5%和1%的显著性水平下通过对农户家庭消费总量和改善性消费占比的检验，且系数均为负，即家庭资产金融价值转化越不充分，农户家庭消费总量越少，改善性消费占比越低，农户家庭消费结构越不合理，进一步印证了前文理论分析和调查分析的结论。这一结论蕴含的政策建议是，在当前农户消费潜力巨大但实际消费水平较低的情况下，通过推动农户家庭资产金融价值转化，优化农户消费结构，提高农户改善性消费能力和动力，是充分挖掘农村巨大消费潜力、进一步扩大内需的重要手段。

第二，在所选择控制变量中，除了金融资产价值外，其余变量均通过对农户家庭消费总量的影响，其中户主年龄和距乡镇距离为负向影响，户主文化水平、家庭人口数、固定资产价值、非农业收入占比、家庭总收入为正向影响，即户主年龄越大、距离乡镇越远越不利于农户消费总量的增加，户主文化水平越高、家庭人口数越多、固定资产价值越大、非农业收入占比越高、家庭总收入水平越高越有利于农户消费总量的增加。然而，在上述变量中，只有家庭人口数、距乡镇距离、家庭总收入通过了对改善性消费占比的检验，家庭人口数和距乡镇距离的影响为负，家庭总收入的影响为正。这一方面说明家庭人口数量的增加会加大家庭支出压力，迫使家庭收入更多地用于必需性消费品，另一方面说明当前农户改善性消费占比整体偏低，尚未形成一定的规律性。

6.4 本章小结

本章分别从理论分析、调查分析、计量分析三个层面就农户家庭资产金融价值转化不充分对农户创业、农户收入和农户消费的影响进行了分析。

（1）农户创业层面。第一，农户家庭资产金融价值转化不充分对农户创业行为发生具有抑制作用。在未实现家庭资产金融价值转化的农户中，仅有约 1/5 的农户从事了创业活动，且创业活动多集中在传统的种植业和养殖业，远低于实现了家庭资产金融价值转化农户的创业比例。第二，农户家庭资产金融价值转化不充分对农户创业层次规模具有抑制作用。创业层次方面，未实现家庭资产金融价值转化的农户大都以自然人的形式从事创业活动，以个体户和公司形式从事创业活动的农户比例低于实现了家庭资产金融价值转化的农户比例。创业规模方面，未实现家庭资产金融价值转化农户的营业收入大都在 10 万元以下，而实现了家庭资产金融价值转化农户的营业收入大都在 10 万元以上。计量检验也发现，家庭资产金融价值转化不充分对农户创业行为、创业层次、创业规模均具有显著负向影响。计量回归结果也表明，农户家庭资产金融价值转化不充分对农户创业具有明显负向影响。

（2）农户收入层面。第一，对农户总收入增长具有抑制作用。在未实现家庭资产金融价值转化的农户中，总收入在 3 万元以上农户累计占比为 70.68%，低于已实现家庭资产金融价值转化的农户 81.82%。第二，容易造成农户间收入不平等。农户家庭资产金融价值转化不充分会让大量农户无法获得融资，导致其因为资本实力限制错过大量具有高收益的投资机会，久而久之，必然会造成农户间收入差距的不断拉大。第三，不利于农户家庭收入结构的优化。一般情况下，经营性收入占比越高，家庭收入结构越合理。调查发现，农户家庭资产金融价值转化不充分导致大量无法实现家庭资产金融价值转化的农户的经营性收入占比偏低，不利于收入水平的持续快速增长。计量分析结果也显示，农户家庭资产金融价值转化不充分对农户总收入和经营性收入占比均具有显著负向影响。

（3）农户消费层面。第一，农户家庭资产金融价值转化不充分会通过影响当期流动资金约束、影响"预防性储蓄"、影响未来收入预期三个渠道抑制农户消费支出总量的增加。调查数据也显示，未实现家庭资产金融价值转化农户的消费额度低于实现了家庭资产金融价值转化农户的消费额度。第二，农户家庭资产金融价值转化不充分不利于农户消费结构优化。农户家庭资产金融价值转化不充分会降低农户的消费能力，而首当其冲受到影响的是弹性和潜力都较大的改善性消费，致使未实现家庭资产金融价值转化农户的改善性消费占比低于实现了家庭资产金融价值转化的农户，农户消费结构更困难。计量分析中，农户家庭资产金融价值转化不充分对农户消费总量和改善性消费占比均具有显著负向影响。

农户家庭资产金融价值
转化的机制构建

机制构建的目的在于探索有效解决所发现问题的方法。本书理论和实证研究分析结果均显示，农户家庭资产价值较大，资产金融价值转化具有非常大的潜力，通过资产金融价值转化能帮助部分面临融资困境的农户实现融资，但现实中农户家庭资产金融价值转化不充分。为了有效促进农户家庭资产金融价值转化，就需要构建推动农户家庭资产金融价值转化的长效机制。基于农村经济发展实际，本章将分别从法律、金融、市场、政府四个方面来阐述促进农户家庭资产金融价值转化的运行机制。

7.1 农户家庭资产金融价值转化的基本目标

农户家庭资产金融价值转化的目的是通过发挥具备一定价值资产的金融价值来缓解农村金融市场信息不对称的现象，解决农村融资难题。然而，农户家庭资产金融价值的成功转化离不开农户、金融企业、政府三类主体的共同参与，只有能够获得一定的效益，才能充分调动三类主体的参与积极性，并最终实现农户家庭资产金融价值充分转化。因此，农户家庭资产金融价值转化的总体目标是实现农户家庭收益最大化、金融企业服务效益最大化、政府机构社会效益最大化的有机协调，最大限度增进市场主体的社会经济福利，促进城乡经济协调发展。

具体目标方面：对于农户家庭，要实现家庭受益最大化。作为集生产和消费于一体的经济组织，农户家庭的目标是通过实现家庭资产金融价值转化来获得生产和消费资金，缓解生产行为和消费行为的资金约束，并通过扩大再生产增加家庭未来收入。对于金融企业，要实现服务受益最大化。作为为农户提供金融服务的金融企业需要自负盈亏，因此，只有实现金融企业的经济效益最大化才能促进金融企业积极服务于农户家庭资产金融价值转化。对于政府机构，要实现社会效益最大化。作为非营利性组织，经济效益自然非其首要参与目标，但作为社会公共管理和服务机构，政府旨在通过农户家庭资产金融价值转化提高社会弱势群体收入水平，促进社会公平，实现经济社会健康稳定发展。

7.2 农户家庭资产金融价值转化的法律保障机制

法律是指由国家制定和认可并由国家强制力保障实施的行为规范的总和（张志铭，2009）。法律规定了当事人的权利和义务并对全体社会成员具有普遍约束力，同时，健全的法律制度是捍卫人民群众权利和利益的工具，也是各项事业蓬勃发展的最强有力的武器。市场经济的本质是法制经济，农户家庭资产金融价值转化作为一种市场经济行为自然要受到法律的严格约束和保障，因此，农户家庭资产金融价值转化离不开法律保障机制。

7.2.1 农户家庭资产金融价值转化的法律确认机制

农户家庭资产金融价值转化涉及农户家庭资产所有权和使用权的转让，也即参与金融价值转化的资产必须首先具有产权。因此，对于尚未进行法律确认的资产来讲，对资产产权进行法律确认是农户家庭资产金融价值转化的基础和前提。为此，应首先构建推动农户家庭资产金融价值有效转化的法律确认机制。

7.2.1.1 新型资产的产权确认机制

计划经济体制下，为了能够迅速动员一切可以动员的经济资源，促进工业尤其是重工业的优先发展，配合国家赶超战略的实施，我国农村地区实行的是人民公社制度。在这一制度下，农民统一经营，集中劳动，统一分配，无自主经营权，因此，这一时期农户劳动所得除了能够满足基本的生活外几乎无剩余，也就无资产积累，农民的资产主要为宅基地和房屋。改革开放初期，伴随着家庭联产承包责任制的实施，农民生产积极性虽然得到大幅提高，农业生产剩余也逐渐增多，但家庭资产积累依然有限。在这一背景下，除了农村耕地、林地等土地资产以及宅基地和房屋外，我国的法律制度并没有制定关于其他资产的相关规定。

然而，伴随着市场经济体制改革，农村经济出现了快速发展，农民生产投入和生产规模都呈现了快速增长态势。在这一过程中，农户因生产投资形成了众多资产，如农业生产设施、房屋、库房、圈舍等，但现有法律文件中并没有关于这些资产的规定，导致这些资产不具有法律地位，财产权利得不到保护，资产金融价值转化无法实施。当前，农业现代化是未来我国农业的发展方向，伴随着农业经营规模的不断扩大，农户投资形成资产的规模也会不断扩大，资产金融价值转化潜力也会随之增大。因此，为了推动这些资产的金融价值转化，必须让这些资产具有法律地位，以增设法律条款的形式明确资产归属，并通过确权颁证工作予以保护。

7.2.1.2 已有资产的确权颁证机制

确权颁证有利于落实农民财产权，让农民财产权依法得到保护，是保护农户合法权益的重要举措。农村耕地、林地等土地经营权以及宅基地和房屋是农户家庭资产构成的核心，同时也是最具金融价值转化潜力的资产。我国

《物权法》《土地管理法》等法律虽然对农民的财产权利进行了规定，但一直未对这几类资产进行确权颁证，虽然近两年中央政府不断出台政策要求地方政府加快土地、宅基地、房屋等农户固定资产确权颁证工作，但进展依然缓慢。导致农户土地、宅基地、房屋等资产在流转、抵押过程中缺乏有效产权凭证。基于此，应不断健全确权颁证机制，在县（市）、乡（镇）两级政府成立农村土地、房屋确权颁证领导小组，实现土地、宅基地、房屋资产确权颁证工作全覆盖。

7.2.2　农户家庭资产金融价值转化的产权明晰机制

所谓产权清晰是指资产的产权主体明确、产权边界清晰，产权主体对资产拥有占有、使用、收益和处置等权利。《物权法》第一百二十五条虽然规定"土地承包经营权人依法对其承包经营的耕地、林地、草地等享有占有、使用和收益的权利"。但土地资产依然存在所有权主体不明晰、收益权和处分权不到位的问题。所有权主体方面：我国法律规定农村土地归农民集体所有，但由于大多数地区的农民集体经济组织已经解散，农民缺乏行使集体土地所有权的组织形式，导致农村集体土地所有权主体出现了虚拟的现象（高元禄，2007）。收益权和处分权不到位方面：一方面体现在农村集体土地的收益难以在所有权、承包权和使用权之间合理分配，另一方面体现在农民难以用土地申请抵押贷款。

基于此，为了推动农户土地资产金融价值转化，着手开展以下工作：第一，明确农民承包土地所有权的行使主体以及农户土地收益权和处分权。冉光和等（2009）认为，从整个经济运行过程来看，产权的初始界定公平（即明晰产权）是事前公平，公平的市场竞争是事中公平，财富的公平分配是事后公平。通过明确土地所有权行使主体以及农户土地收益权和处分权无疑可以使农户合法权益得到切实保护，并促使社会公平。第二，取消土地承包经营权不能抵押的限制性规定，在确保土地集体所有权性质和土地用途不改变的情况下，建立允许并促进土地抵押的制度体系。第三，明确农户承包土地的地块数、面积、具体位置等信息，一方面防止因农村土地边界易调整带来的产权客体信息改变，另一方面防止其他主体对农户土地财产权的侵犯，充分维护农户合法权益。

7.2.3 农户家庭资产金融价值转化的权利保障机制

（1）法律冲突与矛盾缓解机制。所谓法律冲突与矛盾缓解机制是指以明晰农户资产产权、维护农户合法权益为目标，针对不同法律就同一问题所作规定不一致的现象进行调整。如在我国，土地问题受多部法律约束，对于农村土地所有权主体，《宪法》中笼统界定为集体所有，《民法通则》中界定为乡（镇）、村两级集体所有，《土地管理法》和《农业法》界定为乡（镇）、村或村内集体组织所有（胡亦琴，2008）。各法律法规对"集体"概念的界定不一致，不利于保护农民土地权益。

（2）农户资产权利维护机制。农户财产权利维护机制是指在明晰农户资产产权的基础上，加强对农户资产权利的保障机制，使农户的合法权益不受侵犯。如对于国有资产，《宪法》规定社会主义公有财产神圣不可侵犯，致使人们不敢侵吞国有资产，但对于包括农户在内的非国有经济主体缺乏类似的法律规定，致使农户资产价值难以充分得到市场认可。

（3）农户资产流转保护机制。农户资产流转保护机制是指在农户家庭资产抵押、交易、租赁、投资入股等各种资产金融价值转化路径中，要使交易双方的权利都能够得到法律的保护，减少甚至禁止一方违约或赖账对交易另一方造成的损失，增强各类市场经济主体对农户家庭资产金融价值转化的认可。为此，要出台"农户资产抵押贷款条例""农户资产流转条例"等法律法规，如对于农户资产抵押贷款，在农户出现违约后，法律应该切实保护农村金融机构的抵押行使权；对于以土地等资产投资入股的农户，法律亦应该保护农户的切实利益，防止农业企业、合作社或者农村集体经济组织为了个人利益而做出要求农户强制入股或退股、不按合同约定执行等伤害农户切身利益的行为。

7.3 农户家庭资产金融价值转化的政府扶持机制

市场经济体制下，市场对资源配置发挥基础性作用，通过市场竞争可以实现资源配置最优化，但市场有时也会存在失灵的现象，尤其是在非完全市场经济条件下，长时期的农户家庭资产金融价值转化不充分、农户融资困难就是市场失灵在农村金融市场上的重要表现。在市场失灵的条件下，加快农户家庭资产金融价值转化离不开政府的大力支持。此外，由前文理论分析可知，农户家庭资产金融价值转化具有经济外溢属性、社会公平属性以及竞争弱势属性，这些属性决定了农户家庭资产金融价值转化需要政府进行扶持，尤其是农户家庭资产金融价值转化的初期，需要突破法律、制度、观念等多方面的约束。

7.3.1 农户家庭资产金融价值转化的财政支持机制

政府作为宏观经济的调控者，在调控经济发展方面可以实施的措施众多，而财政政策是政府参与资源配置、弥补市场失灵、促进经济持续稳定发展的根本手段。对于农户家庭资产金融价值转化，应从农业信贷优惠机制、抵押资产购买机制、风险防范基金机制三方面构建农户家庭资产金融价值转化的财政支持机制。

（1）农业信贷优惠机制。农业信贷优惠机制是指通过财政补贴、税收优惠等措施推动农户家庭资产金融价值转化。农业信贷补贴理论农村金融领域中的重要理论，20 世纪 80 年代以前一直在农村金融理论中占据主导地位，但同时也是一个具有争议的理论。如布雷弗曼和胡皮（Braverman & Huppi, 1991）认为通过对农业信贷进行补贴会降低农村金融中介的活力，让农村信贷机构缺乏可持续发展能力，而且低息贷款难以用到穷人身上（速水佑次郎和拉坦，1986）；而丁志国等（2016）则认为，当前阶段，我国的农村金融发展尚不能完全放任市场体制调节，需要在政府政策性支持与引导下充分发挥市场经济作用，逐渐形成合理稳定的农村金融体系。本书认为当前农村金融之所以发展不足，与过去长时期"重城市、轻农村"的国家发展战略有关，因此，当前要缩小城乡金融差距、解决农户融资难题亦需要政府的支持。但本书亦认为财政补贴和税收优惠政策实施对象不宜都局限在农村金融机构，对农村金融机构可以实施税收优惠政策，财政补贴可以投向意在通过家庭资产金融价值转化获得融资的从事规模种植业或规模养殖业农户。

（2）抵押资产购买机制。抵押资产购买机制是指在农户家庭资产金融价值转化过程中，在农户出现信贷违约的情况下，政府可以通过购买部分抵押资产的形式帮助农村金融机构进行抵押权实现，以此减少农村金融机构面临的损失，提高农村金融机构参与农户家庭资产金融价值转化的积极性。但这一机制不适用于全部抵押资产，在众多抵押资产中，政府应以部分宅基地和农村土地作为购买对象，这一方面因为从长远来看宅基地和土地作为固定资产具有一定的升值潜力，另一方面因为政府可以结合城镇化发展战略将部分资产置换出去并实现资金回流。如在实施了"地票"交易制度的重庆市，当农户出现宅基地抵押贷款违约后，农村金融机构抵押权实现困难的情况下，政府可以向农村金融机构购买部分作为抵押标的的宅基地，并设置一定的保护期限，在保护期内农户具有以申请信贷额度优先赎回的权利，超过保护期限后，政府则可结合"地票"交易制度将宅基地置换出去，实现资金回流。

（3）风险防范基金机制。风险防范基金机制是指政府通过设立风险防范基金的形式，在因气候等非人为因素引起的大范围违约事件发生后，对参与农户家庭资产金融价值转化的农村金融机构实施一定的补贴，减少大范围信贷违约带来的信贷损失并协助农村金融机构进行贷款回收，防止因为违约损失过大而使农村金融机构面临破产的风险。

7.3.2　农户家庭资产金融价值转化的服务保障机制

除了资金外，政府还应通过健全公共服务体系、提高公共服务能力等非资金手段为农户家庭资产金融价值转化提供保障。概括起来，农户家庭资产金融价值转化的服务保障机制主要包括确权颁证登记配合机制、抵押权实现的协助机制、农村社会保障完善机制。

（1）确权颁证登记配合机制。确权颁证登记配合机制是指针对当前农户家庭资产尤其土地、宅基地、房屋等固定资产价值市场认可度较低的客观事实，通过确认颁证和资产登记工作让农户家庭资产在资产金融价值转化过程中有凭证可依、有记录可查，以此提高农户家庭资产价值的市场接受度，促进农户家庭资产金融价值转化。对于土地、宅基地、农村房屋的确权颁证工作，近两年已得到中央政府的高度重视，但当前各地方确权颁证工作进展不统一，部分省份确权颁证工作进展缓慢。基于此，应加快土地、宅基地、农村房屋的确权颁证工作进程，确保农户在资产流转、抵押等过程中有凭可依。对于资产登记，政府应在乡镇一级政府成立土地、宅基地、房屋等固定资产登记中心，一方面对农户家庭固定资产种类和数量进行备案，另一方面对农户家庭固定资产的交易记录进行登记。通过资产确权颁证和登记工作的开展可以让农户家庭资产产权更为明晰，农户家庭资产金融价值转化行为更容易得到保护，从而提升市场对农户家庭资产的认可度，促使农户家庭资产价值向金融价值的有效转化。

（2）抵押权实现的协助机制。抵押权实现的协助机制是指对于资产抵押路径的农户家庭资产金融价值转化而言，当农村金融机构出现抵押权实现困难或在进行抵押权实现面临冲突和纠纷时，政府应该积极协助农村金融机构联系资产需求方，与此同时，在保护好农村金融机构和农户双方的合法权益的基础上，积极对抵押权实现引起的冲突纠纷进行调解，促进农户家庭资产金融价值转化的顺利进行。对于抵押权实现困难，政府可以利用计算机技术和互联网思维建立农户家庭资产流转网站，将农户贷款抵押资产的拍卖信息通过网站分布出去，以让更多的市场经济主体了解这一信息。对于因抵押权实现引起的冲突纠纷，尤其是影响到农民基本生活时，政府可以通过建立扶贫救助机制或完善农村社会保障体系来保障农村金融机构合法权益的实现。

7.3.3 农户家庭资产金融价值转化的行政管理机制

无论是财政支持机制还是服务保障机制都属于事后激励，虽然对推动农户家庭资产金融价值转化的作用重大，但一定程度会加重政府的工作负担。为此，政府还应通过资产流转规则制定机制进行事前激励，通过资产金融价值转化监管进行事中激励，最终通过事前激励、事中激励、事后激励相结合的方式调动农户家庭资产金融价值转化各参与主体的积极性，实现农户家庭资产价值向金融价值的有序转化。

（1）农户资产流转规则制定机制。农户资产流转规则是指在农户家庭资产金融价值转化过程中，所有参与主体必须遵守的条例和章程。在农户家庭资产种类众多、农户法律意识淡薄、农村资产流转市场信息不对称较严重的情况下，若不对农户资产流转加以规范、约束，必然会引起农村资产流转市场上的混乱，最终导致农户家庭资产价值无法实现向金融价值的有效转化。农户资产流转规则制定机制即指政府通过制定农户资产流转规则的方式对农户家庭资产抵押、变现、租赁、投资入股等资产金融价值转化行为进行规范，促进农村资产流转市场的规范化发展，并最终实现农户家庭资产价值向金融价值的充分转化。

（2）资产金融价值转化监管机制。资产金融价值转化监管机制是指政府通过加强资产流转事中的监督管理来规范农户家庭资产流转行为，从而推动农村资产流转市场的健康发展。事中监管贯穿于农户家庭资产流转的始终，涉及农户家庭资产金融价值转化的各个环节。通过建立资产金融价值转化监管机制，加强始终管理，有利于及时发现问题，纠正农户家庭资产金融价值转化过程中出现的偏差，促进农户家庭资产金融价值转化市场的健康有序发展。如通过加强对农村金融机构是否违规发放资产抵押贷款的监管可以防范因农村金融机构自身操作不规范引发的资产贷款风险；通过加强对农户资产流转过程中"强买强卖"行为的监管可以在很大程度上降低农户资产流转引发的矛盾纠纷；通过对合作社等农户以自有资产投资入股组织的监管可以对这些组织的行为活动进行一定的约束，有利于保护农户的合法权益。

7.4 农户家庭资产金融价值转化的金融创新机制

农户家庭资产金融价值转化是一种金融行为，金融的发展离不开持续不断的金融创新。从前文原因分析也可知，金融创新不足是导致农户家庭资产金融价值转化不充分的一个重要因素。本节从担保创新机制、人才培育机制、资产证券化机制三方面论述农户家庭资产金融价值转化的金融创新机制。

7.4.1 农户家庭资产金融价值转化的担保创新机制

资产抵押是农户家庭资产金融价值转化的核心。通过担保方式创新最大程度上促进资产抵押价值的发挥是农户家庭资产金融价值充分转化的关键。

（1）农户新型资产抵押机制。所谓农户新型资产抵押机制是指在土地、房屋等传统抵押的基础上，积极探索农户投资形成资产以及农户生产所得资产等新型资产的抵押贷款。当前，随着现代农业发展，农户生产投资也呈多元化发展趋势，生产投资过程形成了较多具有一定资产价值的资产，尤其是对于从事规模种植业和规模养殖业的农户来讲，资产金融价值转化潜力较大。根据资产特征不同，可将农户投资形成资产分为三类：一类是流动性较差的固定资产，如温室等现代农业生产设施、圈舍等。二类是流动性较大的生物资产，如小麦、玉米等粮食作物在产品，花卉、蔬菜、水果等经济作物在产品，鸡鸭鹅等家禽，猪牛羊等牲畜。三类是权利资产，如果园承包经营权、水塘经营权等。

（2）农户资产联合抵押机制。在当前的农户抵押贷款模式中，一般都是采取的单一资产抵押。这对于消费支出渠道较多的农户来讲，无疑是提出了更高的要求，使大量家庭资产总量较大，但单一大额资产缺乏的农户无法达到抵押贷款门槛。农户资产联合抵押机制是指对于家庭资产总量较大，但单一大额资产缺乏或者申请贷款额度较大的农户，采取多项家庭资产联合抵押的方式，实现农户家庭资产价值向金融价值转化的最大化。

（3）资产抵押与保证担保结合机制。长期以来，为了有效解决农户融资难题，政府联合农村金融机构不断进行担保方式创新，从早期的农户联保等保证担保方式到当前的农户自有资产担保，对缓解农户融资困境发挥了较大作用。但单一类型的担保无论是对贷款保证方还是对农户自身都意味着更高的标准。通过资产抵押与保证担保结合的方式，可以充分发挥农户家庭资产价值较大和农村熟人社会网络约束力较强的双重优势，并明确农户自有资产为第二还款来源，保证方为第三还款来源。将保证方视为第三还款来源亦可降低保证农户的担保压力，进一步调动农户相互担保的积极性。

7.4.2 农户家庭资产金融价值转化的人才培育机制

金融业是对专业技术知识要求较高的知识密集型行业，金融创新离不开强大的人才队伍。农户家庭资产金融价值转化的顺利发展，同样离不开各类人才的支撑，如金融产品创新人才、金融产品营销人才、资产评估人才、项目评估人才、信贷管理人才、法律人才等等。本节认为搭建农户家庭资产金融价值转化的人才队伍需建立人才引进机制、内部培训机制、联合培养机制。

（1）人才引进机制。所谓人才引进机制是通过校园招聘、社会招聘等多种人才引进渠道相结合的方式引进具有较强专业技术知识的人才。针对农村地区对高层次人才吸引力相对较低的客观现实，农村金融组织应按照"按需引进、突出重点"的要求，不断创新人才引进方法、拓宽人才引进渠道、提高人才福利待遇、完善新进员工培养机制，从而吸引更多的人才投入到农户家庭资产金融价值转化领域，使农户家庭资产金融价值转化潜力能够得到充分挖掘。

（2）内部培训机制。内部培训机制是指通过聘请单位相关部门高管和行业专家开展培训班或讲座的形式，对单位内部的员工根据其工作岗位和性质有针对性地进行再教育，帮助其提高技术知识和业务能力。当前，农村金融市场从业人员的学历、专业技术知识、业务能力整体偏低，基于此，应通过开设周末培训班的形式加强对在职人员的再教育。

（3）完善人才引进体系。对于农户家庭资产金融价值转化，人才是关键。要想吸引更多的人才加入，必须首先完善金融组织自身的人才引进体系。首先，将人才引进工作提升到一定的战略高度，并成立专门的人才引进小组。其次，制定合理的人才引进政策，增强工作岗位的吸引力。

7.4.3 农户家庭资产金融价值转化的资产证券化机制

由第 2 章分析可知，资产证券化是指将未来能够产生稳定现金流但缺乏流动性的资产进行交易信用和结构提升，通过发行证券，实现该类资产的流动性。资产证券化机制主要是针对资产抵押路径的农户家庭资产金融价值开发提出的，其内容是允许办理农户资产抵押贷款的农村金融机构以众多农户的资产抵押贷款为标的打包在资本市场上发行证券，从而获得流动资金，并在未来以农户的还款作为债券的回购资金。对于以利润最大化为主要经营目标的农村金融机构来讲，信贷资金属于稀缺资源。为了获得更多的利润，农村金融机构更倾向于将信贷资金投放到收益更高的城市信贷市场上，而不愿办理农户资产抵押贷款。这也是一直以来农户家庭资产金融价值转化不充分以及农户融资困难的重要因素。资产证券化机制的实施，可以在少占用农村金融机构流动资金的情况下，办理农户资产抵押贷款，并实现一定的信贷收益，这无疑会大幅增加农村金融机构办理农户抵押贷款的积极性，从而推动农户家庭资产价值向金融价值有效转化。

7.5 农户家庭资产金融价值转化的市场支撑机制

虽然要实现农户家庭资产价值向金融价值的转化离不开政府的大力支持，但农户家庭资产金融价值转化若要实现健康可持续发展，最关键的还是要回归到市场经济行为的本质，也即通过市场发展来促进农户家庭资产金融价值转化。本节分别从市场培育机制、环境优化机制、公平交易机制三方面来阐述农户家庭资产金融价值转化的市场支撑机制。

7.5.1 农户家庭资产金融价值转化的市场培育机制

农户家庭资产金融价值转化市场主要包括市场主体和资产流转交易场所，因此，构建农户家庭资产金融价值转化的市场培育机制应从市场主体培育机制和流转市场培育机制两方面着手。

（1）市场主体培育机制。市场主体培育机制是指通过培育除了政府、农村金融机构、农户三大主体之外的主要为农户家庭资产金融价值转化提供配套服务的市场经济主体。该类市场主体存在的目的是通过为农户家庭资产金融价值转化提供配套服务而实现利润最大化，其一般不是农户家庭资产金融价值转化主要推动者，亦不会是农户家庭资产金融价值转化发起者，但农户家庭资产金融价值转化离不开这类市场主体所提供的各类服务。归纳起来，农户家庭资产金融价值转化依赖的市场主体主要包括资产评估公司、保险公司、律师事务所。资产评估公司主要在农户家庭资产金融价值转化初期提供资产评估服务。合理评估农户家庭资产价值是农户家庭资产金融价值转化的前提。农户家庭资产价值因资产种类不同、所处地理位置不同、使用年限不同会表现为不同的价值，这需要资产评估公司所提供的专业化服务来对资产价值进行测评。保险公司主要是指为农户所从事的生产经营活动以及贷款申请人的人身安全办理保险。保险业务可以从三个方面发挥作用：一是可以降低农户生产经营活动面临的损失，激发农户创业积极性，增加市场对农户各类资产的需求量，推动农户家庭资产金融价值转化；二是可以降低农户生产经营活动失败后农村金融机构面临的风险，有利于调动农村金融机构参与农户家庭资产金融价值转化的积极性；三是可以减少贷款申请人出现人身事故后农村金融机构因无人还款而面临的损失。律师事务所主要为农户家庭资产金融价值转化过程中出现的合同纠纷和冲突提供法律咨询、法律顾问、法律援助等服务。

（2）流转市场培育机制。农户家庭资产金融价值转化涉及资产产权交易，而资产产权交易的顺利进行依赖健全的资产流转市场。资产流转市场有广义资产流转市场和狭义资产流转市场之分，广义上的资产流转市场是指资产交易规则以及在交易规则下从事的资产交易行为的总和。狭义上的资产流转市场则是指资产交易场所，一般主要用于资产的集中拍卖、高价值资产的流转、农村金融机构抵押权实现等等。在农户家庭资产金融价值转化过程中，大部分的资产交易是在广义流转市场上进行的，也即在资产交易规则指导下，交易双方按照约定价格在资产所在地或者约定地点直接进行交易。但资产的大宗交易以及高价值资产的交易由于资产交易对象不易寻找、交易价格难以约定达成等因素会对资产交易场所产生较强的依赖性。

7.5.2 农户家庭资产金融价值转化的环境优化机制

良好的市场环境有利于推动农户家庭资产金融价值转化，对于农户家庭资产金融价值转化市场环境的优化应从农村金融生态环境优化和资产金融价值转化氛围优化两方面展开。

（1）农村金融生态环境优化机制。农村金融生态环境优化机制主要是指通过优化社会诚信状况、健全信贷违约奖惩制度来提升农户在农村金融机构的信用等级，从而推动资产抵押路径的农户家庭资产金融价值转化。长期以来，受个别农户信贷违约事件的影响，农户给农村金融机构留下了信用差的不良影响，致使农村金融机构向农户发放贷款的积极性较低。基于此，应通过加大信用知识宣传、健全信贷违约奖惩制度等措施来改善农村社会诚信状况，让农户意识到信用的重要性及丢失信誉后可能面临的损失，让农村金融机构相信农户一样是可信的，并在此基础上降低资产要求，促使农户家庭资产价值更容易向金融价值转化。

（2）资产金融价值转化氛围优化机制。资产金融价值转化氛围优化机制也即要激发农户家庭资产金融价值转化的活力，使农户家庭资产金融价值转化的具有"精气神"。要实现这一点就需要加强对农户家庭资产金融价值转化相关信息的宣传，要让农户意识到其是可以通过家庭资产流转或抵押来实现融资的，要让农户家庭资产各交易主体意识到农户家庭资产是有价值的、农户家庭资产金融价值转化的是政府允许的且交易行为是受保护的等等。

7.5.3 农户家庭资产金融价值转化的市场交易机制

无论是资产抵押还是资产变现、租赁都属于资产交易范畴，因此，要实现农户家庭资产价值向金融价值顺利转化必须制定相应的交易规则，与此同时，还要引入适度市场竞争机制并保证交易主体平等性。

（1）市场交易规则机制。市场交易规则机制是指通过制定各交易主体在交易过程中必须共同遵守的行为准则和规范来约束农户家庭资产金融价值转化行为，目的是实现农户家庭资产交易的规范化和农户家庭资产金融价值转化的有序运转。一般来讲，市场交易规则主要包括交易公开化和交易自由化。交易公开化是指农户家庭资产交易必须明码标价，必须经得起社会检验，禁止私下交易行为。交易自由化是指农户家庭资产交易必须在自愿、等价、互利、互惠原则的基础上进行，资产交易过程中严禁强买强卖、欺行霸市等非法行为，使交易双方的权益能够得到切实维护。

（2）适度市场竞争机制。农户家庭资产金融价值转化既然是一种市场行为，就要接受市场竞争，但这种竞争必须是有效竞争。对于竞争收益、竞争成本和竞争程度之间的关系，一般来讲，伴随着竞争程度的不断提高，竞争收益会呈现先递增后递减的趋势，而竞争成本会呈现先递减后递增的趋势，因此，要实现竞争收益的最大化就要做到有效市场竞争。动态地看，有效市场竞争即是适度市场竞争，它会把过度市场竞争和市场竞争不足的消极现象控制在最低限度内，从而实现竞争收益明显大于竞争成本的目标（冉光和等，2009）。过度市场竞争会扰乱农户家庭资产交易的市场秩序，市场竞争不足会导致农户家庭资产交易频率过低，两者都会造成农户家庭资产的资源浪费，并最终阻碍农户家庭资产金融价值转化。适度市场竞争能够促使农户家庭资产流向能使其发挥最大效用的经济主体中，从而实现农户家庭资产的优化配置。

（3）交易主体平等机制。交易主体平等机制是指在农户家庭资产金融价值转化过程中，应将各参与主体置于同等地位来对待，保证各交易主体流入或流出资产的机会和进行价格协商的话语权是平等的。在我国以卖方为主的农村金融市场上，农村金融机构是强势群体，农户是弱势群体；在与企业进行价格谈判时，企业属于强势群体，农户因知识、信息缺乏等因素常处于弱势地位；在以集体所有制为典型特征的土地产权市场上，政府和集体经济组织是强势群体，农户亦是弱势群体。农户的弱势性决定了其在农户家庭资产金融价值转化过程中容易遭遇不平等的对待，如农村金融机构和企业故意压低农户家庭资产的评估价值，政府或农村集体经济组织对农户土地实施的强制征收、流转或以低于市场价值的价格实施的征收、流转等等。农户家庭资产是农户所有家庭成员经过长时间的辛苦劳动逐渐积累而来的，甚至是农户家庭赖以生存的根本，因此，在农户家庭资产金融价值转化过程中必须努力实现农户与其他市场经济主体之间的平等以及其他市场经济主体内部的平等，依法保障各市场经济主体尤其是农户的合法权益。

研究结论、政策运用与研究展望[*]

8.1 研 究 结 论

本书是关于农户家庭资产金融价值转化的机理与实证研究，本书在信息不对称、资产资本化、金融发展等理论的基础上提出了农户家庭资产金融价值转化的概念框架，并对农户家庭资产金融价值转化的相关理论进行了分析，在此基础上，运用定性分析和定量分析相结合的研究方法，深入研究了当前农户家庭资产金融价值转化不充分的表现形式、生成原因和不良影响，以此为依据提出了推动农户家庭资产金融价值转化的政策建议。基本研究结论是：

（1）经过改革开放40多年的发展，我国广大农村区域已经积聚了种类繁多、规模巨大的各类资产，农户家庭资产金融价值转化潜力巨大。理论研究发现，家庭资产价值决定着农户家庭资产金融价值转化，主要表现在：农户家庭资产价值是金融价值转化的前提和基础，农户家庭资产价值大小决定着金融价值转化规模，农户家庭资产价值构成决定着金融价值转化结构，农户家庭资产价值质量决定着金融价值转化效率。经过改革开放40多年的发

* 本章第8.2节部分内容已被《农村经济》2016年第4期采用，特别感谢《农村经济》编辑与审稿人提出的重要修改意见。

展，我国广大农村区域已经积聚了种类繁多、规模巨大的各类资产，而且伴随着经济的进一步发展，农村地区的资产种类只会越来越丰富，资产价值也会越来越大。这些资产不仅可以直接服务于农户的生产生活，还可以同城镇家庭资产一样在农户融资过程中扮演重要角色。作者对重庆市样本农户实地调查发现，在 1046 户样本农户中，户均资产价值高达 35.36 万元，有借贷需求的农户的资产价值更是高达 35.83 万元，现有家庭资产以土地、宅基地、房屋、金融资产、交通运输工具等资产为主。进一步推算，本次被调查农户家庭平均包括 4.3 人，以此计算，2013 年，我国农村地区共有 1.46 亿个农户家庭，农户家庭资产价值则高达 51.63 万亿元，即使按照城市一般抵押贷款的七折计算，通过推动农户家庭资产价值向金融价值转化最多也可为农村经济发展注入 36.14 万亿元的资金量，约占全年 GDP 的 63.54%。规模巨大的资产价值不仅证明了农户家庭资产价值向金融价值转化的潜力巨大，同时也为资产金融价值的转化奠定了良好的基础。

（2）农户家庭资产金融价值转化得到一定进展但总体转化不足。在中央政府和地方政府的联合推动下，农户家庭资产金融价值转化已取得一定进展，主要表现为：通过家庭资产金融价值转化获得农户家庭资产金融价值转化得到一定进展，实现资产价值向金融价值转化的农户家庭资产的种类越来越丰富，参与农户家庭资产价值向金融价值转化的金融机构数量越来越多。但当前的农户家庭资产金融价值转化仍然处于发展初期，尚存在许多不足，主要包括农户资产金融价值转化只集中在少数几个试点地区，尚未大范围展开；在众多有资金需求的农户中资产金融价值实现转化的农户数量占比较低；实现金融价值转化的资产价值占比较低，资产金融价值潜力开发不足；实现金融价值转化的农户资产种类分布极不平衡，资产结构失衡严重四个方面。以资产抵押路径的计量分析发现，大量高价值资产变量没能通过对农户借贷行为尤其是对资产依赖度较高的正规借贷行为的检验，表明资产价值与农户借贷行为尤其是正规借贷行为的相关性不大，农户家庭资产金融价值转化并不具有普遍性和规律性特征，广大普通农户依然难以通过资产价值向金融价值转化实现融资，进一步说明了目前的农户家庭资产金价值转化并不充分。

（3）农户家庭资产金融价值转化不充分是由政府、法律、市场、金融机构、农户等多方面的原因引起的。对农户家庭资产金融价值转化不充分原因的分析采取了定性分析和定量分析相结合的方式，首先从政府扶持、法律制度、市场环境、金融机构、微观农户五个视角进行了定性分析，然后从微观农户视角进行定量分析。研究发现，导致农户家庭资产金融价值转化不充分的政府扶持原因主要包括引导作用不足、文件及细则不完善、确权颁证登记工作进展缓慢、保障水平比较低；法律制度原因主要包括土地和宅基地的权能残缺、法律禁止土地和宅基地抵押的规定、农户投资形成资产法律确认不足；市场环境原因主要包括农户资产抵押配套服务不完善、农村地区金融生态环境比较差、农村资产金融价值转化氛围未形成；金融机构原因主要包括农村金融机构在农村的资金投放力度小、农村金融机构抵押贷款模式创新力度弱、农村金融机构的人才队伍建设比较落后；农户自身原因主要包括资产本身的价值偏低且存在不确定性、户主自身素质偏低、农户收入水平较低且不稳定、农户社会资本偏少。微观视角的计量分析结果显示，在众多潜在影响因素中，固定资产价值、流动资产价值、产权模糊资产、产权清晰资产、年龄、非农创业收入、生产经营组织形式、劳动人口数量是影响农户家庭资产价值能否通过正规借贷渠道实现向金融价值转化的重要因素，其中，固定资产价值、产权清晰资产、非农创业收入、生产经营组织形式的影响为正，流动资产价值、产权模糊资产、年龄、劳动人口数量的影响为负。在上述影响因素中，只有流动资产价值、年龄、非农创业收入、生产经营组织形式通过了对非正规借贷家庭资产价值转化的影响，且只有年龄的影响方向与对正规借贷渠道资产价值转化的方向一致，此外，通过对非正规借贷渠道价值转化检验的变量还有务工收入和社会资本变量。计量结果同时也表明，正规借贷渠道家庭资产价值转化对非正规借贷渠道家庭资产价值转化有明显的挤出效应，非正规借贷渠道资产价值转化只是正规借贷渠道资产价值转化的补充，且相对于正规借贷渠道资产价值转化，非正规借贷渠道资产价值转化更依赖于社会资本。

（4）家庭资产金融价值转化不充分对农户经济行为有显著的负面影响。本书采取理论分析、调查分析、计量分析相结合的方式就农户家庭资产金融价值转化不充分对农户经济行为的影响进行了分析，研究发现，家庭资产金融价值转化不充分对农户创业、农户收入和农户消费均具有负向影响。首先，农户创业层面。第一，对农户创业行为发生具有抑制作用。在未实现家庭资产金融价值转化的农户中，仅有约1/5的农户从事了创业活动，且创业活动多集中在传统的种植业和养殖业，远低于实现了家庭资产金融价值转化农户的创业比例。第二，对农户创业层次具有抑制作用。未实现家庭资产金融价值转化的农户大都以自然人的形式从事创业活动，以个体户和公司形式从事创业活动的农户比例低于实现了家庭资产金融价值转化的农户比例。第三，对农户创业规模具有抑制作用。未实现家庭资产金融价值转化农户的营业收入明显低于实现了家庭资产金融价值转化农户。计量检验也发现，家庭资产金融价值转化不充分对农户创业行为、创业层次、创业规模均具有显著负向影响。其次，农户收入层面。第一，对农户总收入增长具有抑制作用。未实现家庭资产金融价值转化农户的总收入与实现了家庭资产金融价值转化农户的总收入相比较低。第二，容易造成农户间收入不平等。第三，不利于农户家庭收入结构的优化。农户家庭资产金融价值转化不充分导致大量无法实现家庭资产金融价值转化的农户的经营性收入占比偏低。计量分析结果也显示，农户家庭资产金融价值转化不充分对农户总收入和经营性收入占比均具有显著负向影响。最后，农户消费层面。第一，农户家庭资产金融价值转化不充分会通过影响当期流动资金约束、影响"预防性储蓄"、影响未来收入预期三个渠道抑制农户消费支出总量的增加。第二，农户家庭资产金融价值转化不充分会导致农户改善性消费的减少，不利于农户消费结构优化。计量分析中，农户家庭资产金融价值转化不充分对农户消费总量和改善性消费占比均具有显著负向影响。

8.2 政 策 运 用

针对当前农户家庭资产金融价值转化过程中存在的问题以及前文的原因分析，研究认为要提高农户家庭资产金融价值转化的实效，应从以下几个方面着手：

（1）以提高资产的产权清晰度为目标，加快农村资产法律确认。

基于当前我国大部分地区尚未展开农户家庭资产金融价值转化实践以及部分农村资产产权不明的客观事实，各级政府应充分发挥其宏观调控功能，加大对农村家庭资产法律确认的支持力度。

首先，加快推进农村耕地、林地、宅基地、房屋等固定资产的确权颁证工作。通过确权颁证工作使产权划分清晰、归属明确的固定资产在抵押贷款、市场流转过程中有凭有据，提高农户固定资产金融价值转化的可执行性。

其次，加快农村区域内农户投资形成的各种资产的法律确认工作和产权保护工作。如现代农业设施、畜禽养殖场设施、果园、土壤改良等，通过产权的确认及证书的颁发为该类资产金融价值转化提供可能性。

（2）以增加农村土地资本价值为目标，完善农村土地承包制度。

土地资产是农户家庭资产构成的核心资产之一。伴随着城镇化进程的不断加快和农村经济的不断发展，从事农业生产的劳动人口会越来越少，农村土地的资产价值也会越来越大，且农户基本生存对土地的依赖正在逐步减弱。因此，土地也是农户众多资产中最具金融价值转化潜力的资产之一。针对当前农村土地承包制度难以适应农村经济现代化发展的问题，本书认为应逐步完善农村土地承包制度，增加农村土地资本价值，推动土地资产金融价值转化。

首先，完善农村土地的延包制度。适度规模经营是未来农业发展的主流方向，而现代化农业发展所依赖的灌溉设施修建、土壤改良等必备投资事项的回收期较长，基于此，在剩余承包年限较短的地方应适时开展延包工作，防止农业投资者因剩余土地承包年限过短减少甚至停止对农业的投资。

其次，完善农村土地承包权再分配制度。针对因户口外迁、子女出嫁、家庭无子继承等引起的土地分配不均、土地继承权不明、土地荒废严重等问题，健全农村土地承包权再分配制度。

（3）以开发闲置资产金融价值为目标，健全固定资产流转制度。

固定资产是农户家庭资产的主体，同样也是资产金融价值转化的核心资产。由前文分析可知，抵押、流转制度的限制性规定是导致农户家庭固定资产金融价值转化不充分的重要原因。为了推动农户家庭固定资产金融价值转化，应从以下几个途径健全农户家庭固定资产流转制度。

首先，调整《物权法》《担保法》等法律中关于禁止农村土地承包经营权和宅基地使用权抵押的规定，取而代之的是对农村土地承包经营权和宅基地使用权抵押的程序、流转对象等内容作出具体规定。

其次，进一步提高农村宅基地和房屋买卖的法律效力，扩大宅基地和房屋买卖对象的范围。现有制度规定农村宅基地和房屋不能向城镇居民销售，基于此，本书认为应该在部分经济发展较好的农村区域，通过设定购买期限或者优先赎回权的形式，试点允许在农村地区投资创业的城镇居民购买宅基地并修建房屋，以此促进城乡要素资源的双向流动。

最后，各地方政府应以中央关于农村资产抵押贷款的系列文件精神为指导，加快制定农村家庭资产抵押、流转细则，牵头并推动本区域内农户家庭资产金融价值转化的具体实践。

（4）以建立农户多元担保模式为目标，不断进行担保方式创新

资产抵押路径的资产金融价值转化是农户家庭资产金融价值转化的核心。农户家庭资产金融价值转化的成效主要依赖资产抵押路径的资产金融价值转化。为此，应努力做到以下几点：

首先，鉴于农户资产种类不断增多，金融机构应该在加强风险管控的基础上，积极进行农户贷款担保方式创新。改变过去过度依赖少量固定资产的农户信贷模式，积极探索林地、果园、水面承包经营权、合作组织股权、农业机械等生产设备、高效农业设施、存货、在产品、商标等价值较大的各类

权利、动产、无形资产的抵质押贷款模式。

其次，强化基层农村金融机构人才队伍建设。根据担保方式创新对专业知识和技能要求较高的特征，加强对农村金融机构基层信贷人员业务能力的培训，提高其担保创新能力以及贷款项目本身的评价能力。

再次，健全农村金融机构担保创新风险分散机制。为了提高农村金融机构进行农户贷款担保方式创新的积极性，应积极健全农户家庭资产抵押风险分散补偿机制，最大程度降低基层农村金融机构进行农户贷款担保创新可能产生的损失。

最后，优化农村金融生态环境，为农村金融机构进行农户贷款担保创新提供保障。一是以信用村、信用户等信用评价工作为抓手，完善农户信用评价体系。具体评价方式为：先由当地农村金融机构信贷人员及信誉好、有威望、办事公正、责任心强的社员或村（组）干部组成农户信用评价领导小组，然后每年对村内成员信用状况评定一次，并由当地金融机构颁发相应证书。二是建立农户信用信息数据库，方便农村金融机构查询申请抵押贷款农户信用状况。三是建立农户贷款奖惩机制。加强对贷款违约农户的惩罚力度，对于部分故意违约、影响恶劣的农户甚至让其负担法律责任。四是加强农村信用宣传工作，进一步提高农户信用意识，让其明白信誉是为人处事、干事创业的生命。

（5）以健全资产抵押配套机制为动力，培育农村资产流转市场。

农村资产抵押配套机制是农户家庭资产金融价值转化的重要推动力。因此，要推动农户家庭资产金融价值转化必须着手健全农户家庭资产抵押配套机制，积极培育农村资产流转市场。

首先，在农村地区加快建立农村家庭资产价值评估中心、资产登记中心、资产流转服务中心和资产收储中心等资产抵押中介服务机构。

其次，完善农村家庭资产流转制度，如明确农村土地经营权抵押条件和范围，农村土地流转的补偿标准、利益分配机制、纠纷处理等。

再次，健全农村家庭资产抵押贷款违约后的抵押权实现制度，具备包括抵押资产的拍卖处置程序、拍卖对象、农户安置等。

最后，降低农户对家庭资产的依赖度，减少农村资产流转障碍。通过农村社会保障的推行，可以有效降低农户对土地、宅基地、房屋等生活必备资产的过度依赖，能够将农户家庭资产流转对农户生活造成的负面影响降到最低，从而进一步激发农户各类资产的担保潜力，促进农户家庭资产向金融价值转化。

8.3 研究展望

（1）农户家庭资产金融价值转化的区域差异问题研究。农民融资困难，"三农"发展资金短缺严重是全国各区域农村面临的共同问题，而且因各地经济社会发展状况的不同，各地农村金融发展水平存在差异，在此情形下，农户家庭资产金融价值转化在不同地区可能也会存在一定的差异性。受财力、物力、时间等多方面因素的限制，本书是以重庆市为样本区域展开研究的，虽然，重庆市情与国情非常类似，具有典型代表性，但仍不排除各区域农户家庭资产金融价值转化问题上的差异性。因此，农户家庭资产金融价值转化的区域特征和区域差异需要未来进一步的研究。

（2）城镇化对农户家庭资产金融价值转化的影响研究。城镇化进程不断加快是我国当前及未来相当长一段时期的发展趋势。城镇化进程的不断推进，一方面带动农村土地、宅基地、房屋等农户固定资产的升值，另一方面又会导致大量农村人口流入城镇地区，使农户家庭资产流转市场上的需求方不断减少，农村闲置资产越来越多，进而导致农户家庭资产价值下降。因此，城镇化进程对农户家庭资产价值转化家庭资产金融价值转化的影响如何以及如何在城镇化进程不断加快的背景下推动农户家庭资产金融价值转化需要进一步深入研究。

参考文献

［1］阿尔钦 A. 产权：一个经典注释［M]//科斯 R，阿尔钦 A，诺思 D. 财产权利与制度变迁［M］. 上海：三联书店上海分店，1994.

［2］埃格特森. 新制度经济学［M］. 北京：商务印书馆，1996.

［3］巴泽尔. 产权的经济分析［M］. 上海：三联书店上海分店，1997.

［4］白钦先. 金融可持续发展研究导论［M］. 北京：中国金融出版社，2001.

［5］萨缪尔森，诺德豪斯. 经济学（第 18 版)[M］. 萧探，主译. 北京：人民邮电出版社，2008.

［6］卜范达，韩喜平. "农户经营"内涵的探析［J］. 当代经济研究，2003（9）：37－41.

［7］陈春生. 农户消费性融资需求的多质性与结构分析［J］. 西北农林科技大学学报（社会科学版），2008（3）：32－38.

［8］陈小君，蒋省三. 宅基地使用权制度：规范解析、实践挑战及其立法回应［J］. 管理世界，2010（10）：1－12.

［9］陈乙酉，付园元. 农民收入影响因素与对策：一个文献综述［J］. 改革，2014（9）：67－72.

［10］程启智，朱旗. 关于马克思产权理论若干问题的研究［J］. 财经研究，1992（3）：27－31.

［11］程郁，韩俊，罗丹. 供给配给与需求压抑交互影响下的正规信贷约束：来自1874 户农户金融需求行为考察［J］. 世界经济，2009（5）：73－82.

［12］格林沃尔德 D. 现代经济词典［M］. 北京：商务印书馆，1983.

［13］戴金平，李治. 现代资产定价理论的比较和发展［J］. 世界经济，2003（8）：68 – 74.

［14］德鲁克. 创业精神与创新［M］. 北京：工人出版社，1989.

［15］丁志国，张洋，覃朝晖. 中国农村金融发展的路径选择与政策效果［J］. 农业经济问题，2016（1）：68 – 75.

［16］丁志国，朱欣乐，赵晶. 农户融资路径偏好及影响因素分析：基于吉林省样本［J］. 中国农村经济，2011（8）：54 – 62.

［17］董志勇，黄迈. 信贷约束与农户消费结构［J］. 经济科学，2010（5）：72 – 79.

［18］樊启荣. 保险契约告知义务制度论［M］. 北京：中国政法大学出版社，2003：135.

［19］方桂堂. 农民增收的多维路径及当下选择：北京个案［J］. 改革，2014（3）：96 – 104.

［20］菲吕博腾 E G，佩杰威齐 S. 产权与经济理论：近期文献概览［M］//科斯 R，阿尔钦 A，诺思 D. 财产权利与制度变迁. 上海：三联书店上海分店，1994.

［21］冯旭芳. 贫困农户借贷特征及其影响因素分析：以世界银行某贫困项目监测区为例［J］. 中国农村观察，2007（3）：51 – 57.

［22］傅昌銮. 县域农村金融结构与经济增长：以浙江省为例［J］. 农业技术经济，2014（7）：114 – 120.

［23］奈特 F H. 风险，不确定性和利润［M］. 北京：中国人民大学出版社，2005.

［24］高圣平，刘萍. 农村金融制度中的信贷担保物：困境与出路［J］. 金融研究，2009（2）：64 – 72.

［25］高圣平. 农地金融化的法律困境及出路［J］. 中国社会科学，2014（8）：147 – 166.

［26］高元禄. 中国农村土地产权问题研究［D］. 吉林：吉林大学，2007.

［27］葛扬. 马克思土地资本化理论的现代分析［J］. 南京社会科学，2007（3）：1 – 5.

［28］管斌彬. 长三角地区县域金融生态建设研究［J］. 南通大学学报（社会科学版），2015（3）：9 – 15.

［29］郭剑雄. 人力资本、生育率与城乡收入差距的收敛［J］. 中国社会科学，2005

（3）：27－37.

［30］郭忠兴，汪险生，曲福田．产权管制下的农地抵押贷款机制设计研究：基于制度环境与治理结构的二层次分析［J］．管理世界，2014（9）：48－57.

［31］国务院发展研究中心农村部课题组．从城乡二元到城乡一体：我国城乡二元体制的突出矛盾与未来走向［J］．管理世界，2014（91）：1－12.

［32］韩俊，等．中国农村改革（2002－2012)［M］．上海：上海远东出版社，2012.

［33］韩明谟．农村社会学［M］．北京：北京大学出版社，2001.

［34］何安耐，胡必亮．农村金融与发展：综合分析、案例调查与培训手册［M］．北京：经济科学出版社，2000.

［35］何广文，等．农村金融服务问题研究专题报告［R］．农业部"中国农业和农村经济结构战略性调整"课题组，2002.

［36］何明生，帅旭．融资约束下的农户信贷需求及其缺口研究［J］．金融研究，2008（7）：66－79.

［37］侯晓辉，王青，冯宗宪．金融生态与中国工业企业的技术创新能力［J］．产业经济研究，2012（3）：59－68.

［38］胡枫，陈玉宇．社会网络与农户借贷行为：来自中国家庭动态跟踪调查（CFPS）的证据［J］．金融研究，2012（12）：178－192.

［39］胡建中．我国农户家庭农业长期投资行为研究［D］．西安：西南交通大学，2003.

［40］胡士华，李伟毅．信息结构、贷款技术与农户融资结构：基于农户调查数据的实证研究［J］．管理世界，2011（7）：61－68.

［41］胡亦琴．农村土地市场化进程中的政府规制研究［D］．西安：西北农林科技大学，2008.

［42］黄惠春．农村土地承包经营权抵押贷款可得性分析：基于江苏试点地区的经验证据［J］．中国农村经济，2014（3）：48－57.

［43］黄惠春，祁艳．农户农地抵押贷款需求研究：基于农村区域经济差异的视角［J］．农业经济问题，2015（10）：11－19.

［44］惠献波．日本、台湾地区农地抵押贷款经验及借鉴［J］．中国土地，2015（3）：35－36.

［45］贾洪文，颜咏华，徐灵通，等．境外农地抵押贷款模式的比较与启示［J］．贵

州大学学报（社会科学版），2012（6）：28－34.

［46］江世银．论信息不对称条件下的消费信贷市场［J］．经济研究，2000（6）：19－26.

［47］金瓯．从产权缔约看农房抵押贷款的发展：以温州市为例［J］．农业经济问题，2012（3）：29－37.

［48］金运，韩喜平．中国农村金融生态环境改进研究［J］．商业研究，2014（12）：14－21.

［49］靳聿轩，张雷刚．农户农地抵押融资方式选择行为影响因素分析：以山东临沂、枣庄、莱芜为例［J］．经济与管理研究，2012（7）：75－83.

［50］靖继鹏，张向先，李北伟．信息经济学［M］．北京：科学出版社，2007：16－18.

［51］科斯R，阿尔钦A，诺思D．财产权利与制度变迁［M］．上海：三联书店上海分店，1994.

［52］戈德史密斯RW．金融结构与金融发展［M］．上海：三联书店上海分店，1994.

［53］黎翠梅，陈巧玲．传统农区农户借贷行为影响因素的实证分析：基于湖南省华容县和安乡县农户借贷行为的调查［J］．农业技术经济，2007（5）：44－48.

［54］黎荣舟，庞素琳，徐建闽，等．不对称信息条件下抵押品的信号作用分析［J］．系统工程理论与实践，2003（2）：35－39.

［55］李芳．财产权利与国家能力［J］．经济问题探索，2008（12）：17－22.

［56］李公科．论资产证券化的法学定义［J］．天府新论，2005（11）：63－64.

［57］李慧娟，张元教，唐德善．水资源资产化管理研究［J］．中国农村水利水电，2005（7）：91－97.

［58］李嘉图．政治经济学及赋税原理［M］．北京：人民出版社，1972.

［59］李敬．基于劳动分工的中国农村金融发展区域差异研究［M］．北京：中国社会科学出版社，2014.

［60］李宜琛．民法总论［M］．台北：正中书局，1977.

［61］李雪松．水资源资产化与产权化及初始水权界定问题研究［J］．江西社会科学，2006（2）：150－155.

［62］李莹．财富资本化对我国经济发展的影响研究［D］．吉林：吉林大学，2011.

［63］李竹转．美国农地制度对我国农地制度改革的启示［J］．生产力研究，2003（2）：181－182.

［64］梁爽，张海洋，平新乔，等．财富、社会资本与农户的融资能力［J］．金融研究，2014（4）：83－97.

［65］林旭霞．财产、财产观的历史考察与现实分析［J］．福建论坛·人文社会科学版，2006（9）：40－43.

［66］林毅夫，姜烨．经济结构、银行业结构与经济发展：基于分省面板数据的分析［J］．金融研究，2006（1）：7－22.

［67］林毅夫，孙希芳，姜烨．经济发展中的最优金融结构理论初探［J］．经济研究，2009（8）：4－17.

［68］刘杰，郑风田．流动性约束对农户创业选择行为的影响：基于晋、甘、浙三省894户农民家庭的调查［J］．财贸研究，2011（3）：28－35.

［69］刘俊杰，张龙耀，陈畅．西部家庭创业的城乡差异及影响因素：以甘肃省为例［J］．华中农业大学学报（社会科学版），2014（6）：45－50.

［70］刘双，祁春节，赵玉．农户消费行为差异分析：基于湖北两地区农户的调查［J］．农业技术经济，2015（2）：23－32.

［71］刘伟．经济学大辞典［M］．北京：团结出版社，1994.

［72］刘西川，黄祖辉，等．贫困地区农户的正规信贷需求：直接识别与经验分析［J］．金融研究，2009（4）：36－51.

［73］刘兴亚．发达国家农地金融制度比较［J］．中国金融，2014（11）：63－64.

［74］刘玉平．资产评估立法中若干问题的思考［J］．中央财经大学学报，2007（6）：66－71.

［75］刘志霞．农村资产资本化与农民增收问题研究［D］．济宁：曲阜师范大学，2012.

［76］鲁从明．深化对劳动价值论和我国收入分配制度的认识［J］．当代经济研究，2001（6）：3－6.

［77］陆立军．论社会主义社会的劳动和劳动价值［J］．经济研究，2002（2）：31－36.

［78］罗剑朝，庸晖，庞玺成．农地抵押融资运行模式国际比较及其启示［J］．中国农村经济，2015（3）：84－96.

[79] 马双，谭继军，等. 中国家庭金融研究的最新进展［J］. 经济研究，2014（9）：182－186.

[80] 马歇尔. 经济学原理（上册）［M］. 北京：商务印书馆，1979.

[81] 孟全省，邹润玲，邓慧婷，等. 影响林农参与林权抵押贷款意愿因素分析：以陕西省宁陕县为例［J］. 林业经济，2010（11）：40－43.

[82] 倪东生. 如何实现资源资产化管理［J］. 中国流通经济，2000（5）：18－22.

[83] 巴德汉 P，尤迪 C. 发展微观经济学［M］. 陶然，等译. 北京：北京大学出版社，2002.

[84] 庞巴维克. 资本实证论［M］. 北京：商务印书馆，1983.

[85] 秦红松. 农户贷款担保困境及破解机制研究［D］. 重庆：西南大学，2014.

[86] 仇娟东，何风隽，艾永梅. 金融抑制、金融约束、金融自由化与金融深化的互动关系探讨［J］. 现代财经（天津财经大学学报），2011（6）：55－63.

[87] 考特 R，尤伦 T. 法和经济学［M］. 上海：三联书店上海分店，1991.

[88] 科斯 R. 企业、市场与法律［M］. 上海：三联书店上海分店，1990.

[89] 冉光和，等. 财政金融政策与城乡协调发展［M］. 北京：科学出版社，2009.

[90] 沈灿煌. 我国民（私）营经济产权制度创新研究［D］. 厦门：厦门大学，2009.

[91] 沈坤荣，张璟. 中国农村公共支出及其绩效分析：基于农民收入增长和城乡收入差距的经验研究［J］. 管理世界，2007（1）：30－40.

[92] 沈沛. 资产证券化的国际运作［M］. 北京：中国金融出版社，2000.

[93] 盛洪. 社会成本问题的问题［M］//盛洪. 现代制度经济学（下卷）. 北京：北京大学出版社，2003.

[94] 盛洪. 外部性问题和制度创新［J］. 管理世界，1995（2）：195－201.

[95] 史亚荣，何泽荣. 城乡一体化进程中的农村金融生态环境建设研究［J］. 经济学家，2012（3）：74－79.

[96] 平乔维奇. 产权经济学［M］. 蒋琳琦，译. 北京：经济科学出版社，1999.

[97] 速水佑次郎，拉坦. 农业发展的国际分析［M］. 北京：中国社会科学出版社，1986.

[98] 孙京海. 旅游资源资本化研究［D］. 徐州：中国矿业大学，2010.

[99] 童馨乐，褚保金，杨向阳．社会资本对农户借贷行为影响的实证研究：基于八省 1003 个农户的调查数据 [J]．金融研究，2011（12）：177-191.

[100] 万广华，张茵，牛建高．流动性约束、不确定性与中国居民消费 [J]．经济研究，2001（11）：35-44.

[101] 万伟，郑小丽．我国农房抵押融资障碍的破解及制度的构建 [J]．安徽农业科学，2011（26）：16263-16264.

[102] 汪霞．湖南金融业人力资本问题研究 [D]．长沙：湖南师范大学，2011.

[103] 王定祥．金融产业资本循环理论与政策研究 [D]．重庆：西南大学，2006.

[104] 王定祥，李伶俐．发达国家农村金融市场发展的经验与启示 [J]．上海金融，2009（7）：61-65.

[105] 王定祥．农村金融市场成长论 [M]．北京：科学出版社，2011.

[106] 王定祥，田庆刚，李伶俐，等．贫困型农户信贷需求与信贷行为实证研究 [J]．金融研究，2011（5）：124-138.

[107] 王冀宁，赵顺龙．外部性约束、认知偏差、行为偏差与农户贷款困境：来自 716 户农户贷款调查问卷数据的实证检验 [J]．管理世界，2007（9）：69-75.

[108] 王金堂．土地承包经营权制度的困局与破解：兼论土地承包经营权的二次物权化 [D]．成都：西南财经大学，2012.

[109] 王平，邱道持，李广东．农村土地抵押调查 [J]．中国农学通报，2010（15）：447-450.

[110] 王伟中．关于中国社会贫富差距的思考 [J]．马克思主义与现实，2004（6）：36-41.

[111] 王修华，谭开通．农户信贷排斥形成的内在机理及其经验检验：基于中国微观调查数据 [J]．中国软科学，2012（6）：139-150.

[112] 王引，尹志超．健康人力资本积累与农民收入增长 [J]．中国农村经济，2009（12）：24-31.

[113] 王悦，霍学喜．农房抵押贷款风险成因及防范策略 [J]．河北学刊，2014（2）：119-122.

[114] 魏梦．山区农户家庭资产组合选择偏好研究：以贵州省农村数据调查为例 [D]．贵阳：贵州财经大学，2013.

[115] 温家宝．中国农业和农村的发展道路 [J]．求实，2012（2）：3-10.

［116］温涛，冉光和，熊德平．中国金融发展与农民收入增长［J］．经济研究，2005
（9）：30－43．

［117］温信祥．日本农村信用担保体系及启示［J］．中国金融，2013（1）：85－87．

［118］翁辰，张兵．信贷约束对中国农村家庭创业选择的影响：基于 CHFS 调查数据
［J］．经济科学，2015（6）：92－102．

［119］吴保华，等．自然资源经济学［M］．天津：天津人民出版社，2002．

［120］吴鞢．农村金融生态环境的评估及优化：以湖北省为例［J］．农业经济问题，
2013（9）：51－57．

［121］吴易风．价值理论"新见解"辨析［J］．当代经济研究，1995（4）：1－10．

［122］夏泰凤．基于中小企业融资视角的供应链金融研究［D］．杭州：浙江大学，
2011．

［123］肖兰华，金雪军．抵押品缺失与农村中小企业信贷融资的逆向选择［J］．财贸
经济，2010（8）：19－25．

［124］肖立梅．家庭共有财产的性质研究［J］．法学杂志，2009（1）：115－117．

［125］肖轶，魏朝富，尹珂．农户农村"三权"抵押贷款需求意愿及影响因素分
析：基于重庆市 22 个县（区）1141 户农户的调查数据［J］．中国农村经济，2012
（9）：88－96．

［126］辛岭，王艳华．农民受教育水平与农民收入关系的实证研究［J］．中国农村经
济，2007（4）：93－100．

［127］熊学萍，阮红新，易法海．农户金融行为、融资需求及其融资制度需求指向
研究：基于湖北省天门市的农户调查［J］．金融研究，2007（8）：167－181．

［128］徐杰．信息不对称与金融市场脆弱性［J］．中央财经大学学报，2004（4）：
30－34．

［129］徐少君，金雪军．农户金融排除的影响因素分析：以浙江省为例［J］．中国农
村经济，2009（6）：62－72．

［130］亚当·斯密．国民财富的性质和原因的研究（上卷)［M］．北京：商务印书馆，
1972．

［131］严圣阳．以农民资金互助破解农村创业资金短缺问题［J］．经济纵横，2015
（5）：48－52．

［132］颜志杰，张林秀，张兵．中国农户信贷特征及其影响因素分析［J］．农业技术

经济，2005（4）：2 – 8.

[133] 杨军，张龙耀，姜岩．社区金融资源、家庭融资与农户创业：基于 CHARLS 调查数据［J］．农业技术经济，2013（11）：71 – 79.

[134] 杨松堂．知识产权质押融资中的资产评估［J］．经济纵横，2007（5）：16 – 17.

[135] 易小兰．农户正规借贷需求及其正规贷款可获性的影响因素分析［J］．中国农村经济，2012（2）：56 – 63.

[136] 易忠君．新农村建设中农户土地承包经营权抵押影响因素分析［J］．湖北农业科学，2013（16）：4011 – 4015.

[137] 尹涛．德国农村土地抵押贷款运行机制及经验借鉴［J］．世界农业，2014（8）：154 – 157.

[138] 于丽红，陈晋丽，兰庆高．农户农村土地经营权抵押融资需求意愿分析：基于辽宁省 385 个农户的调查［J］．农业经济问题，2014（3）：25 – 31.

[139] 于丽红，兰庆高，戴琳．不同规模农户农地经营权抵押融资需求差异及影响因素：基于 626 个农户微观调查数据［J］．财贸经济，2015（4）：74 – 84.

[140] 于丽红．美国农场信贷体系及其启示［J］．农业经济问题，2015（3）：101 – 109.

[141] 袁尧清，唐德彪．民族文化旅游资源资产化管理探讨［J］．湖南科技大学学报（社会科学版），2012（4）：95 – 98.

[142] 岳传刚．农村"三权"抵押贷款改革创新困局求解［J］．中国银行业，2014（5）：83 – 87.

[143] 翟胜宝，王菡，陆正飞．金融生态环境和企业创新能力：基于中国制造业的经验数据［J］．经济与管理研究，2015（7）：53 – 59.

[144] 张改清．中国农村民间金融的内生成长：基于社会资本视角的分析［J］．经济经纬，2008（2）：129 – 131.

[145] 张杰．中国农村金融制度调整的绩效：金融需求视角［M］．北京：中国人民大学出版社，2007.

[146] 张龙耀，张海宁．金融约束与家庭创业：中国的城乡差异［J］．金融研究，2013（9）：123 – 135.

[147] 张维迎．博弈论与信息经济学［M］．上海：上海人民出版社，2001.

[148] 张笑寒．美国早期农地金融制度及其经验启示［J］．农村经济，2007（4）：

126 - 129.

[149] 张艺晟, 曾福生. 国外农地抵押制度及经验启示 [J]. 世界农业, 2015 (1):
67 - 71.

[150] 张应良, 高静, 张建峰. 创业农户正规金融信贷约束研究: 基于939份农户创
业调查的实证分析 [J]. 农业技术经济, 2015 (1): 64 - 74.

[151] 张泽一. 马克思经济学与西方经济学产权理论比较研究 [J]. 经济纵横, 2008
(5): 13 - 16.

[152] 张志铭. 转型中国的法律体系建构 [J]. 中国法学, 2009 (2): 140 - 158.

[153] 赵鑫. 中国民间金融发展的制度分析和改革设计 [D]. 北京: 中共中央党校,
2013.

[154] 中国家庭金融调查与研究中心. 中国家庭金融调查报告 [R]. 成都: 西南财
经大学, 2012.

[155] 周妮笛. 基于 AHP - DEA 模型的农村金融生态环境评价: 以湖南省为例 [J].
中国农村观察, 2010 (4): 10 - 19.

[156] 周小斌, 耿洁, 李秉龙. 影响中国农户借贷需求的因素分析 [J]. 中国农村经
济, 2004, 8 (12): 26 - 30.

[157] 周小川. 完善法律制度, 改善生态环境 [N]. 金融时报, 2004 - 12 - 07.

[158] 周宗安. 农户信贷需求的调查与评析: 以山东省为例 [J]. 金融研究, 2010
(2): 195 - 206.

[159] Hussain A, Thapa G B. Smallholders' Access to Agricultural Credit in Pakistan [J].
Food Security, 2012, 4 (1): 73 - 85.

[160] Adams D, Fitchett D. Informal Finance in Low-income Countries [M]. Boulder,
Co: Westview Press, 1992.

[161] Akoten J E, Yasuyuki S, Keijiro O. The Determinants of Credit Access and Its Im-
pacts on Micro and Small Enterprises: The Case of Garment Producers in Kenya [J]. Economic
Development and Cultural Change, 2006, 54 (4): 927 - 944.

[162] Allen F, Bartiloro L, Kowalewski O. Does Economic Structure Determine Financial
Structure? [R]. Working Paper, 2006.

[163] Arrow K. The Limits of Organization [M]. New York: Norton, 1973.

[164] Dowla A. In Credit We Trust: Building Social Capital by Grameen Bank in Bangla-

desh [J]. Journal of Social – Economics, 2006 (35): 102 – 122.

[165] Rosemary A. Formal and Informal Institutions' Lending Policies and Access to Credit by Small-scale Enterprises in Kenya: An Empirical Assessment [J]. AERC Research Paper, 2001.

[166] Braverman A, Huppi M. Improving Rural Finance in Developing Countries [M]. Finance and Development, 1991.

[167] Banerjee A V, Duflo E, Glennerster R, et al. The Miracle of Microfinance? Evidence from a Randomized Evaluation [J]. American Economic Journal: Applied Economics, 2015 (7): 22 – 53.

[168] Barham L M, Boucher S, Carter M R. Credit Constraints, Credit Unions, and Small-scale Producers in Guatemala [J]. World Development, 1996, 24 (5): 793 – 806.

[169] Barslund M, Tarp F. Formal and Informal Rural Credit in Four Provinces of Vietnam [J]. Journal of Development Studies, 2008, 44 (4): 485 – 503.

[170] Bartoli F, Ferri G, Murro P. Bank-firm Relations and the Role of Mutual Guarantee Institutions at the Peak of the Crisis [J]. Journal of Financial Stability, 2013, 9 (1): 90 – 104.

[171] Barzel Y. Economic Analysis of Property Rights [M]. Cambrige: Cambrige University Press, 1997.

[172] Baumol W. Entrepreneurship: Productive, Unproductive and Destructive [J]. Journal of Political Economy, 1990, 98 (5): 893 – 921.

[173] Besley T, Coate S. Group lending, Repayment Incentives and Social Collateral [J]. RPDS Discussion Paper 152, Woodrow Wilson School, Princeton University, Princeton, N. J. Processed, 1991.

[174] Bharath S, Pasquariello P, Wu G. Does Asymmetric Information Drive Capital Structure Decisions? [J]. Review of Financial Studies, 2009, 22 (8): 3211 – 3243.

[175] Biggart N W, Castanias R P. Collateralized Social Relations: The Social in Economics Calculation [J]. American Journal of Economics and Sociology, 2001, 60 (2): 471 – 500.

[176] Boucher S, Barham B L, Carter M R. The Impact of "Market – Friendly" Reforms on Credit and Land Market in Honduras and Nicaragua [J]. World Development, 2005, 33 (1): 107 – 128.

[177] Boucher S, Carter M R, Guirkinger C. Risk Rationing and Wealth Effects in Credit

Market: Theory and Implications for Agricultural Development [J]. American Journal of Agricultural Economics, 2008, 90 (2): 409 – 423.

[178] Briggeman B C, Gray A W, et al. A New U. S. Farm Household Typology: Implications for Agricultural Policy [J]. Review of Agricultural Economics, 2007, 29 (4): 765 – 782.

[179] Campbell J Y. Household Finance [J]. Journal of Finance, 2006, 61 (4): 1553 – 1604.

[180] Carlin W, Mayer C. Finance, Investment and Growth [J]. Journal of Financial Economics, 2003, 69 (1): 191 – 226.

[181] Cater M R, Olinto P. Getting Institutions Right for Whom? Credit Constraints and the Impact of Property Rights on the Quantity and Composition of Investment [J]. American Journal of Agricultural Economics, 2003, 85 (1): 173 – 186.

[182] Chan Y, Thakor A V. Collateral and Competitive Equilibria with Moral Hazard and Private Information [J]. Journal of Finance, 1987, 42 (2): 345 – 363.

[183] Chen R, Ye C, Cai Y, Xing X, Chen Q. The Impact of Rural Out-migration on Land Use Transition in China: Past, Present and Trend [J]. Land Use Policy, 2014, 40 (9): 101 – 110.

[184] Deininger K. Land Policies for Growth and Poverty Reduction [M]//Word Bank Research Report. New York: Word Bank and Oxford University Press, 2003.

[185] Demsetz H. Towarda Theory of Property Rights [J]. The American Economic Review, 1967, 57 (2): 347 – 359.

[186] Douglass C. North. Structure and Change in Economic History [M]. New York: W. W. Nortonand Company, 1981.

[187] Qin D, Xu Z, Zhang X. How Much Informal Credit Lending Responded to Monetary Policy in China? The Case of Wenzhou [J]. Journal of Asian Economics, 2014 (31): 22 – 31.

[188] Du W. Informatics and Management Science I [M]. London: Springer, 2012.

[189] Feder G, Feeney D. The Theory of Land Tenure and Property Rights [J]. World Bank Economic Review, 1993, 5 (7): 135 – 153.

[190] Feder G. Land Policy and Farm Productivity in Thailand [M]. London: The Johns Hopkins University Press, 1988.

[191] Akerlof G A. The Market for "Lemons": Quality Uncertainty and the Market Mecha-

nism [J]. The Quarterly Journal of Economics, 1970, 84 (3): 488 – 500.

[192] Glaeser E. Entrepreneurship and the City [EB/OL]. (2007 – 10 – 12) [2014 – 04 – 06]. http://ww. nher. org/papers/w13551, 2007.

[193] Gomes A, Phillips G. Why Do Public Firms Issue Private and Public securities? [J]. National Bureau of Economic Research, 2005 (4): 1 – 34.

[194] Greenwood J, Jovanovic B. Financial Development, Growth and the Distribution of income [J]. Journal of Political Economy, 1990 (5): 1076 – 1107.

[195] Hassan M K. The Microfinance Revolution and the Grameen Bank Experience in Bangladesh [J]. Financial Markets Institutions & Instruments, 2002, 11 (3): 205 – 265.

[196] Hillier B, Ibrabimo M V. Asymmetric Information and Models of Credit Rationing [J]. Bulletin of Economic Researchs, 1993, 45 (4): 271 – 304.

[197] Hoff K, Stiglitz J E. Imperfect Information and Rural Credit Markets: Puzzles and Policy [J]. World Bank Economic Review, 1990, 4 (3): 235 – 250.

[198] Holmstrom B. Moral Hazard and Observability [J]. Bell Journal of Economics, 1979 (10): 74 – 91.

[199] Holmstrom B, Tirole J. Financial Intermediation, Loanable Funds and the Real Sector [J]. Quarterly Journal of Economics, 1997, 112 (3): 663 – 691.

[200] Huang J, Rozelle S, Wang H. Fostering or Stripping Rural China: Modernizing Agriculture and Rural to Urban Capital Flows [J]. CCAP working paper, Center for Chinese Agricultural Policy, Chinese Academy of Sciences, 2003.

[201] Zheng L, Liu H. Increased Farmer Income Evideneed by a New Multifunctional Actor Network in China [J]. Agron Sustain, 2014 (34): 515 – 523.

[202] Hurst E, Lusardi A. Liquidity Constraints, Household Wealth and Entrepreneurship [J]. Journal of Political Economy, 2004, 122 (2): 319 – 347.

[203] Kan I, Kimhi A, Lerman Z. Farm Output, Non-farm Income and Commercialization in Rural [J]. Agricultural and Development Economic, 2006 (3): 276 – 286.

[204] Imai K S, Gaiha R. Microfinance and Poverty—a Macro-perspective [J]. Word Development, 2012, 40 (8): 1675 – 1689.

[205] Jaffee D M, Russell T. The Imperfect Information, Uncertainty, and Credit Rationing [J]. Quarterly Journal of Economics, 1976, 90 (4): 869 – 872.

［206］ Krishnaswami S, Subramaniam V. Information Asymmetry, Valuation, andthe Corporate Spin-off Decision ［J］. Journal of Financial Economics, 1999, 53 (1): 73 – 112.

［207］ Laeven L. Corporate Governance: What's Special about Banks? ［J］. Annual Review of Financial Economics, 2013, 5 (1): 63 – 92.

［208］ Leary M T, Roberts M R. Do Firms Rebalance Their Capital Structures? ［J］. The Journal of Finance, 2005, 60 (6): 2575 – 2619.

［209］ Levine R. Finance and the Poor ［J］. The Manchester School, 2008, 76 (1): 1 – 13.

［210］ Lopez R. Land Titles and Farm Productivity in Honduras ［J］. Word Bank, Washington Processed, 1997.

［211］ Mckinnon R I. Money and Capital in Economic Development ［M］. Washington D. C.: The Brookings Institution, 1973.

［212］ Mohieldin M S, Wright P W. Formal and Informal Credit Markets in Egypt ［J］. Economic Development and Cultural Change, 2000, 48 (3): 657 – 670.

［213］ Mushinski D. An Analysis of Offer Functions of Banks and Credit Unions in Cuatemala ［J］. Journal of Development Studiers, 1999, 36 (2): 88 – 112.

［214］ Myers S C, Majluf N S. Corporate Financing and Investment Decisions When Firms Have Information That Investors Do Not Have ［J］. Journal of Financial Economics, 1984, 13 (2): 187 – 221.

［215］ Norton J J, Spellman P R., Dupler M S. International Asset Securitization ［M］. Lloyd's of London Press LTD, 1995.

［216］ Paulson A L, Townsend R M, Karaivanov A. Distinguishing Limited Liability From Moral Hazard in a Model of Entrepreneurship ［J］. The Journal of Political Economy, 2006, 114 (2): 100 – 144.

［217］ Barro R J. The Loan Market, Collateral and Rates of Interest ［J］. Journal of Money, Credit and Banking, 1976, 8 (4): 439 – 456.

［218］ Mendelsohn R. Climate and Rural Income ［J］. Climatic Change, 2007, 81 (1): 101 – 118.

［219］ Coase R H. The Problem of Social Coast ［J］. Law Economics, 1960, 3 (10): 1 – 44.

［220］ Rothschild M, Stiglitz J E. Equilibrium in Competitive Insurance Markets: An Essay on the Economics of Imperfect Information ［J］. The Quarterly Journal of Economics, 1976, 90

(4): 629 – 650.

[221] Shaw E S. Financial Development in Economic Growth [M]. New York: Oxford University Press, 1973.

[222] Shenker C. Asset Securitization: Evolution, Current Issues and New Frontiers [J]. Texas Law Review, 1991, 69 (6): 1374 – 1375.

[223] Smith C W, Warner J. On the Financial Contracting: An Analysis of Bond Covenants [J]. Journal of Financial Economics, 1979, 7 (2): 117 – 161.

[224] Song H, Thisse J, Zhu X. Urbanization and/or Rural Industrialization in China [J]. Regional Science and Urban Economics, 2012, 42 (1): 126 – 134.

[225] Spence M. Job Market Signaling [J]. The Quarterly Journal of Economics, 1973, 87 (3): 355 – 374.

[226] Stiglitz J E, Weiss A. Credit Rationing in Markets with Imperfect Information [J]. American Economic Review, 1981, 73 (3): 393 – 410.

[227] Van Bastelaer T, Leathers H. Trust in Lending Social Capital and Joint Liability Seed Loans in Southern Zambia [J]. Word Development, 2006, 34 (10): 1788 – 1807.

[228] Tirole J. The Theory of Corporate Finance [M]. Princeton University Press, 2006.

[229] Tsai K S. Imperfect Substitutes: The Local Political Eeonomy of Informal Finance and Microfinance in Rural China and India [J]. Word Development, 2004, 32 (9): 1487 – 1507.

[230] Turvey C G, Xu X, Kong R. Attitudinal Asymmetries and the Lender – Borrower Relationship: Survey Results on Farm Lending in Shandong, China [J]. Journal of Financial Services Research, 2014, 46 (2): 115 – 135.

[231] Chan Y – S, Kanatas G. Asymmetric Valuations and the Role of Collateral in Loan Agreements [J]. Journal of Money, Credit and Banking, 1985, 17 (1): 84 – 95.